你其实不懂
销售心理学

韦因 著

The Sales Psychologies
You Don't Know

化学工业出版社
·北京·

图书在版编目（CIP）数据

你其实不懂销售心理学 / 韦因著 . —北京：化学工业出版社，2022.6
ISBN 978-7-122-41069-6

Ⅰ . ①你… Ⅱ . ①韦… Ⅲ . ①销售 - 商业心理学 Ⅳ . ① F713.55

中国版本图书馆 CIP 数据核字（2022）第 049526 号

责任编辑：郑叶琳　　　　　　　装帧设计：韩　飞
责任校对：宋　玮

出版发行：化学工业出版社（北京市东城区青年湖南街 13 号　邮政编码 100011）
印　　装：三河市双峰印刷装订有限公司
710mm×1000mm　1/16　印张 10¼　字数 122 千字　2022 年 7 月北京第 1 版第 1 次印刷

购书咨询：010-64518888　　　　　　售后服务：010-64518899
网　　址：http://www.cip.com.cn
凡购买本书，如有缺损质量问题，本社销售中心负责调换。

定　　价：59.80 元　　　　　　　　　　　　　　　版权所有　违者必究

前言

不少销售人员告诉我,他们把《当幸福来敲门》里的克里斯·加纳当作目标,非常刻苦、非常努力,希望用自己的勤奋工作赢得出色的业绩,然而却没有好运气,幸福总也不来敲门。他们不知道,一位出色的销售员,除了要有吃苦的精神和一定的销售技巧外,最重要的是,还要精通销售中的心理学。

就像人分为不同的类型一样,销售人员也分为各种不同的类型。有的销售人员充满了激情,他们每天都满腔热血,热情洋溢地向每一位见到的客户展示产品多棒、多值得购买。然而,虽然他们非常努力,热情也非常能感染人,但最终结果相当可惜。还有的销售人员,对客户唯唯诺诺不敢有任何反驳,对客户的要求无条件地满足,他们希望用自己的顺从和附和赢得客户的好感,然而也往往事与愿违。

这些销售人员,他们常常都不去了解客户真正的需求,不揣摩客户的心理,即便他们在日常工作中可能经常听到或者自己也在讲"要把握客户心理"这样的话,但是,客户心理到底是什么，该怎样把握，其实他们并不清楚。

而那些最优秀的销售人员，都是能够揣摩人心，并且能够掌控谈话发展方向的人。他们会吸引客户，诱导客户，在整个销售过程中占据引领地位，不断攻心为上，不仅实现成交，还让客户非常愉悦地完成订单，而且在以后的漫长时间里不断复购，或者给他们带来更多新客户。要做到这些并不容易，然而你是可以做到的，只要你像他们一样善于学习总结。

简单来讲，消费心理可以分为共性和个性两大类。在本书中我们会讲到很多涉及共性心理的内容。群体之间是有心理差异的，但是也有共性，比如大家都喜欢从众，喜欢赶时髦，所以如果身边人都买了某样产品，那么他自己就更有可能去买。因而在共性消费心理方面，我们需要做到的是换位思考。比如，大多数人都希望买到物美价廉的商品，但是又有一种避免自己消费层级往下降的心理，同时有一种往上升的高攀心理，因此他们不想让自己购买的商品看上去廉价，而是喜欢那些"看上去很贵"的东西，从而满足自己的虚荣心。这也是为什么不少销售人员一再向客户强调"这件东西多么便宜"的时候，未必能收到比较好的效果。而强调它的性价比，强调对方的眼光多么独到精明，效果要更好一点。

不同年龄、不同性别、不同社会阶层的人，还有他们小范围的共性心理。你跟一个二十几岁的年轻人讲产品的性价比高，不如强调它的时尚度和流行度。而把握每一个细分群体的共性消费心理特征，我们就可以采取一些相对比较固定的营销心理策略。

除了共性心理特征之外，还有个性心理。对个性心理的影响因素特别多，从性格、身份、经历、价值观到毫无缘由的个人喜好，都会影响客户的购买行为。对个性心理的把握更难，但如果能够做好，也更容易让你超出众人。

在如今这个互联网时代，每个人面前都有眼花缭乱的信息和产品，客户能够很容易获取关于产品的价格或用途等方面的信息，因此很多销售人员觉得工作变难了。看起来这似乎是一个崭新的时代，人们的消费模式和购买行为都发生了很大变化，但事实上，植根在人们内心的消费心理并没有发生多大改变。商品过于丰富，很多客户甚至自己也不知道他真正的需求是什么，而且他们专业度不够，查阅到的很多知识都停留在浅层。你对大家消费心理的把握，以及你的专业素养和顺应时代的网络营销策略，能让你超越传统销售"一对一"的局限，在一个更加广阔的世界中收获难以想象的业绩与财富，在这个崭新的时代如鱼得水。

目录

第一章　销售其实是一门心理学　1

- 3　为什么你的销售效率很低
- 5　成功的销售其实是心理策略
- 8　销售冠军都是"心理学家"
- 11　成功靠的不是运气,而是方法和勇气
- 14　雄心壮志和不断学习,能让你也成为销售冠军

第二章　销售能否成功,取决于客户的认可　19

- 21　如何提高客户的认可度
- 24　没有人喜欢缺乏自信的销售
- 27　专业的人,最让人感到放心
- 29　多用"我们",巧妙搭建心理信任
- 32　全心投入销售,热情是一种气质
- 35　快乐可以传染,做一个快乐的销售者

第三章　心理暗示法，最有效的成交方法

- 41　客户要的不是便宜，而是占便宜
- 43　没有最好，只有最适合
- 47　任何商品和服务都有缺点，突出优点即可
- 50　让客户感觉自己找对了人，做出了正确选择
- 54　找到客户的潜在需求，成功率翻倍
- 56　强行推销，只会带来对方的反感
- 60　在客户感兴趣的点上"做文章"

第四章　沟通心理，客户喜欢你这样说

- 65　如何说，客户才会喜欢听
- 68　倾听客户的需求和潜在需求
- 71　通过询问"诱导"客户做出选择
- 75　像朋友一样，站在对方立场去表达
- 77　像顾问一样，及时做出专业的回应
- 80　突出"效果"，才能提高"转化率"
- 83　促销的技巧，让客户在短时间内做出决定

第五章　巧用销售法则，提高你的销售效率

- 89　首因效应：第一印象决定销售成败
- 92　二八定律：你的收入来自核心客户

94	250定律：发现潜在客户的秘诀
97	皮格马利翁效应：期望与赞许创造奇迹
99	权威效应：让对方深信不疑的技巧
102	奥美定律：不断提高你的服务水准

107 —— 第六章　谈判心理学，成功说服客户的技巧

109	先不要着急开价，探一探对方的"底线"
112	事先留出让步的空间
115	每一次"让步"都有意义，否则别让步
118	洞悉客户的真正需求
121	聪明地面对客户的砍价
124	以退为进的开始，直通最终的胜利
127	谈判不是"吵架"，"共同利益"放首位

131 —— 第七章　网络营销，打开新时代的销售之路

133	不懂营销，你很难更进一步
136	互联网时代，会营销才有大未来
139	如何借助网络成功"包装"自己
142	你的粉丝就是潜在客户
145	建立社群，让销售变得更为简单
148	将平台作用发挥到极致，获得更多渠道
151	告别传统思维，才能拥抱未来

第一章

销售其实是一门心理学

Chapter 1

你其实不懂销售心理学

在我们进行销售的时候，很多人认为拥有好的口才是成功的关键因素。不可否认，拥有好口才，能够增加成功的概率，但销售这一行为更像是一门心理学。比如你拥有好口才，但是却不知道怎么开口也是无济于事的。或者抓不住重点，也只能徒劳无功。要用什么样的理由说服客户购买产品？这就需要充分了解客户内心真实的想法，对客户的心理进行正确的分析，然后才能用言辞打动他们，成功完成你的销售。

第一章
销售其实是一门心理学

Chapter 1

为什么你的销售效率很低

同一款产品,在相同的市场上,不同销售人员之间的业绩却是大相径庭。有的人能够一周就完成月销售目标,有的恰恰相反。

如你所知,销售人员的从业门槛通常比较低,但跟其他行业一样,佼佼者并不多。

有段时间,我的腰不太舒服,想要在网上购买一个偏硬的床垫。面对琳琅满目的商品,我有些不知道该如何去挑选。这时候,我点开其中一家网店的客服。询问他们是否有舒服的床垫。我们的对话如下:

我:"你好,你们家有没有比较舒服的床垫呢?"

销售客服:"有的,我们家的床垫都很舒服,一定能满足您的需求。"

我:"能具体介绍一下吗?"

销售客服:"那就给您推荐一下我们的镇店之宝吧,这款床垫销量特别好。"然后,他把商品链接发了过来。

我打开链接,大致看了一下网页的介绍。这款床垫偏软,并不是我想要的。于是我就又问:"有没有其他的款式呢?"

销售客服:"有的,那我给您介绍一下另外一款,也是本店销量很好的产品。"

我:"你们家有没有材质相对比较硬的产品呢?我的腰不太好。"

销售客服:"有的,但是那款销量不好,还是建议您考虑一下刚刚给您推荐的这两款。"

聊到这里,我就默默地把聊天窗口关掉了。因为我不想浪费更多的时间在这家店里。简短的聊天中,销售客服压根就没有问过我需要什么样的产品,只是自顾自地推销爆款产品。而且产品的性能,也是我自己查阅网页得知的。

更让人无奈的是,当我自己表明需求的时候,客服竟然直接忽略了我的需求,继续一意孤行地推荐爆款。对于这样的销售方法,我着实感到无语。

我能够猜到,这名销售客服的销售效率一定非常低。如果你也是属于销售效率很低的销售人员,不妨从下面这几点中找找原因,看自己是否中招。

1. 对产品不了解

作为一名销售人员,要对自己销售的产品有充分的了解,如果可以,最好成为这方面的"专家"。你在向客户推销产品的时候,不仅要充分地展现出产品的性能、用途,还要列举它与同类产品的区别与特色,凸显产品的价值。只有你对产品有足够全面的了解,才能解答客户在咨询过程中提出的五花八门的疑问。

2. 产品受众定位不准确

每一款商品的推出,都会有特定的受众。产品的受众定位,对销售者来说非常重要。大街上会有很多人,但不要盲目地向每个人都进行推销,这只会浪费你的时间。因为,绝大多数人,最终都不会是你的客户。要选定与产品匹配度契合的人群,才能够更精准地进行推销,从而大大地提高销售效率。

3. 无法满足客户的需求

当客户愿意听你讲述产品的时候,已经说明他对这个产品是感兴趣的,或者有相关需求的。这个时候,你需要通过交谈,了解客户的真正需求以及顾虑;并用产品本身的优势、特点,来满足客户的需求,并打消其顾虑。不能在没有了解客户需求的前提下盲目推销,这不但事倍功半,甚至还会让顾客不耐烦从而失去这个潜在客户。

4. 不善于总结、反思

被拒绝似乎是销售人员的家常便饭,但这并不意味着你的产品不行,更不要因此而否认自己的销售能力。被拒绝之后,拿出勇气,询问那些拒绝者拒绝产品的原因。然后,进行总结、反思,以便为接下来的销售行为扫除障碍。

高效的销售能力说起来很简单,不外乎以下三步:展开销售之前做好充分的准备,在销售过程中细致入微地去观察了解客户的需求,最后很好地满足和解决顾客的顾虑。但显然这个过程不是一蹴而就的,需要在一次次的销售实践中不断改进并且真正做到这三点。如果每一次销售行为你都能把握这几点,相信你的销售效率定会得到很大提升。

成功的销售其实是心理策略

做一名销售人员是非常容易的,但是想要成为一名优秀的销售者,一点都不容易。销售人员推销产品的过程，其实是买卖双方进行的一场心理博弈。如果销售这一方赢了，那就会成功地售出产品；反之，则无法达成交易。也就是说，一次成功的销售，其实是销售者心理策略上的成功。

众所周知，当苹果公司推出一款新的手机时，总是供不应求。每次预售都是很快就会被抢空，留下一大部分人哀叹没有抢到。这实际上就是苹果公司使用的一种饥饿销售的心理策略。在每款新品首发的时候，都会刻意控制产品的数量，让购买者有一种"手慢无"的紧迫感。

从心理学上来说，大多数人都有从众心理，也就是"别人都买了，我也要买"的心理。所以销售者在推销产品的时候，经常会说这款产品昨天已经卖出去了多少。如果是明星同款，那就更了不得了。

对于我这种看重科技感和性价比的人来说，"权威说法"的心理战术，特别有效。

我记得去年选购空气净化器的时候，当时在两款产品之间犹豫不定。这时候，销售人员用坚定的口气，指着其中的一款产品对我说："先生，如果您在这两款之间犹豫不定。那么我建议您买这一款。"

我问他为什么要选择那台空气净化器。那位销售人员说："这款产品非常专业，不仅能净化 PM2.5，去除粉尘、花粉等，去甲醛的功效更是显著，它同时获得了 FCC 安全认证和欧盟 CE 认证的，这是目前市面上唯一同时获得这两项认证的空气净化器品牌了。我觉得既然是要自己用，应该买更安心的。"

在听了他的话之后，我很爽快地买了他推荐的那一台。虽然我并不太懂那两项认证是什么，但听起来特别权威。而且我买净化器就是因为家里新装修了房子，主要想除甲醛。而且他在我两难的时候，替我做了决定。既然我是在这两款之间犹豫，其实说明选哪一款都可以。

你看，一名优秀的销售者，应该掌握销售心理策略。在适当的时候，做出适时的反应，就会取得成功。如何掌握成功销售的心理策略呢？你可以考虑从下面几点入手。

1. 洞察客户想法，解读客户消费心理

销售人员能及时掌握客户的想法，了解客户的需求，对于成功销售有着至关重要的作用。当你了解到客户的需求时，不要着急，还要去解读客户的消费心理。从客户的言行中，了解他的购买力、关注点等信息，这些信息能够最大限度地帮你为客户匹配到最合适的产品。切记，对于客户来说，没有最好的产品，只有最适合的产品。

2. 针对不同的客户心理，制定相应的策略

销售人员每天面对着形形色色的客户，他们每个人的性格都不一样。这时候，优秀的销售者会根据不同的客户心理，制定出相应的策略，而不是千篇一律地对每个人都用同一种方法。比如那些随和、好说话的客户，要对他们热情；对那些喜欢虚荣、炫耀的客户，要多赞美及恭维；而对穿着前卫潮流的客户，要突出产品个性等。

3. 充分地换位思考

在你推销自己的产品之前，先问问你自己想不想要。把自己当作是客户，站在客户的立场上去思考问题。这种换位思考，能够帮助销售者在销售过程中得到客户的好感，建立信赖感。在不知不觉中，会拉近你与客户之间的距离，从而大大地提高销售成功的概率。

4. 心急吃不了热豆腐，给客户适当的考虑时间

你想要将产品尽快地推销出去，这是很正常的心理，但不能太过于急

切。要记住，心急吃不了热豆腐。客户从你开始介绍产品到下决心购买，是需要一定的时间的。你需要适当地给客户一定的思考时间，过于急切的推销行为，反而会让客户反感及抗拒。当然，这个时间也不应该太长，否则购买热情会凉下来。

5. 增加紧迫感

对于那些想买但是又有点犹豫的客户，需要适当地增加其紧迫感。比如告知活动时间马上就结束了，或者告知他们库存告急等。这些信息，都会促使客户尽快下单。

作为销售人员，你要记得，并不是每一次的心理博弈都能让客户下单，某些销售过程会比较漫长。但你不能否认心理策略的重要性，而是要在每一次销售行为中积极实践，最终达到一种"看似毫无技巧，其实技巧无处不在"的境界。

销售冠军都是"心理学家"

如果你与那些成功的销售冠军聊天，会发现他们一个个都是"心理学家"。他们的话往往能够直击购买者的内心，让你分分钟就想要买下他的产品。

你有没有发现，我们在超市购物的时候，经常会碰到这样的情况：你本来已经在购物车中放了自己选好的心仪产品。但是当走到同类产品的促销员那里时，在听了他们的一番介绍后，最终会将自己选的产品，换成他们推销给你的产品。

比如，上次去超市买牙膏，我一如既往地在货架上拿了一直用的品牌的牙膏。这个时候,一位推销员走过来。满脸笑容地问我:"先生,您是需要买牙膏吗?"

她的穿着打扮表明她是一名促销人员。如果是平时我可能还会跟她聊聊,但那天我有点忙,不想跟她说太多。于是我礼貌地点点头,并回答道:"我已经选好了。"

这名销售人员并没有因为我的这句回答而离开,而是继续说道:"看来先生您平时很注意保护您的牙齿呢。这种做法非常正确。牙齿保护不好,会引起很多不必要的麻烦。"

我本想离开,但是人家跟我说话了,我又不能直接不理就离开,我的教养不允许我那么没有礼貌,于是我回答道:"是的,之前就是因为不注意,去看过好几次牙医。"

那名销售继续关心地问我:"那您现在用这款牙膏,牙齿有所改善吗?"

我随意地回答:"不清楚,只是习惯了用这个品牌的牙膏。"

这时候,她告诉我,有一款牙膏刚上市,功效与我选的这款牙膏差不多,但是现在买一送一。我回家可以先用送的那只产品,如果感觉自己不合适,可以原价将另一支退掉。与此同时,她将那款牙膏的相关检测报告拿出来给我看。

很显然,最后我将购物车里已经选好的那支牙膏,换成了促销的那款牙膏。

促销的那款牙膏,其实比我选的要贵一些。但买一送一,以及不满意可以原价退的诱惑,让我鬼使神差地选择了它。

你可能会问,万一大家用了不好用,都回去退牙膏怎么办?相信这名销售在与我的交谈中,已经知道我其实并不太在意牙膏的功效。所以,我也不会因为一支小小的牙膏,专门再跑一趟超市。

优秀的销售者就是这么厉害,他们能够从对方的言谈举止中,随时捕捉到有用的信息。想要成为销售冠军吗？那你可能需要从下面几点入手，先成为一名"心理学家"。

1. 树立自信

在与客户交流的过程中，你不仅整个人要看上去自信，更要表现出对产品的自信。如果连你都不信任自己销售的产品，该如何向客户推销？只有让客户看到你的自信，才能增加产品的可信度。

2. 学会察言观色

眼睛对于销售者来说非常重要，在与客户交谈之前，你要尽可能地从客户现有的行为，以及外在的表现中，寻找蛛丝马迹。有些客户翻来覆去地看产品的说明；有些客户则是拿着产品，但是比较犹豫；还有些客户则不停地瞟价格。表现出这些行为的客户，都是你的潜在客户，而且关注点不同。只要抓住时机有针对性地介绍，就能成功推销出你的产品。

3. 给顾客选择的理由

顾客为什么要在众多商品中购买你的产品？这个问题的答案，很多时候是需要销售者来给出的。而且这个答案，需要击中客户的内心。这时候你需要做的是，根据顾客的需求和关注点来凸显产品的优势，而不是那些同类商品都有的功能。让顾客觉得，买这款产品就是比其他的好。

4. 不失时机给点甜头

在你介绍完产品优势之后，某些有意向的客户，可能还会有点犹豫。这时候，你需要给他一些"催化剂"。每到"黑色星期五"期间，为什么大家不用催促也会争先恐后地抢购呢？因为他们知道此时商品性价比高，于是心甘情愿购买一些哪怕自己并不需要的东西。所以，告诉顾客"这是××活动，一年只有一次，错过了就不会有这个价格"，同时展示出平时的售价给顾客看一下，让顾客直观地感受优惠力度，他们很难不动心。

一名成功的销售者，要能够准确地抓住顾客的心理。值得庆幸的是，这些能力，可以通过日常的学习和积累得以提升。现在就开始行动吧，你一定能行。

成功靠的不是运气，而是方法和勇气

虽然大家对成功的定义不同，但显然成功对于每个人来说都很重要，也是每个人都在追求的目标。可是，怎样才能获得成功呢？我们总是希望成功人士能给出答案。你会看到，有些人因为谦虚，会说自己取得成功，只是运气好罢了。但是他们自己知道，运气可能有1%，剩下的99%是他们自己的努力和付出。

我的朋友小马是一名非常出色的汽车保险销售员。我理所当然每年都会从他那儿购买保险，并且介绍身边的朋友给他。

我和小马能认识，其实还是源于第一次买车险的时候。当时我还是个刚买了一辆二手车的毛头小伙，对于车险了解并不多。我的一位朋友向我推荐了小马。当他听说我是为二手车第一次买保险，并且对保险的了解并不多的时候，没有盲目地在电话中告诉我该买什么保险，而是礼貌地问我什么时候有空，他想见面详细跟我讲讲不同车险的利弊。

他的这一行为，让当时因为车险而焦头烂额的我感到非常开心。于是我迫不及待地约了当天下午见面。

见面之后，小马先询问了我买车的用途。基于只是作为交通工具上下班开开的情况，他给我推荐了几种适合的车险，然后将它们的利弊逐个分析了一遍。最后经过筛选，选择了一份我认为各方面都很满意的车险。

在签订完合同之后，没想到小马又给了我一个意外的惊喜，那是一把车载吸尘器。刚买车的我，还没有买这些东西，这个小礼品对我来说太实用了。于是，虽然是我花钱买了保险，但对于小马，我却是心存感激并且非常有好感。

之后，小马会在每年车险快到期的时候，给我发信息，告诉我续费的截止日期。而当我介绍新客户给他的时候，他也总是以各种形式回报我的帮忙。久而久之，我们成了朋友。

可能有人会说，成功有时候就是因为运气好。真的是这样吗？成功固然离不开一些运气。但是没有人能一直靠运气成功，能让你居于不败之地的，唯有方法和勇气。

1. 找到适合自己的方法

销售人员每天面对的客户不同，但实际上每个销售人员自身也拥有不同的特质。因此，作为一名优秀的销售人员，应该根据自己的外貌、性格，制定出适合自己的销售方法。如果你的亲和力比较强，尽量向客户展现你的真诚；如果你的专业性比较强，用更权威的说法来说服客户；如果你擅长人际关系，那么尽量与客户做朋友。总之，找到适合自己的方法，你才会取得事半功倍的效果。

2. 抓住客户给出的信号

销售人员向客户推销产品的时机很重要。向一位急需这款产品的客户推销成功的可能性，远远高于那些处于观望中的客户；一个对价格特别在意的人，很难对你手中最新款的电子产品动心。所以，在与客户交流的过程中，一定要善于抓住客户给出的信号。

3. 善于开发新客户

你是不是觉得，与客户达成交易之后任务就完成了？优秀的销售人员并不会止步于此。客户既然购买了产品，说明认可你或者产品。这样一来，由他向身边的人推荐产品，会更有说服力。这时候，你要从你的已有客户中挖掘潜在客户。可以用一些返利或者礼品，以及打感情牌，来促使已有客户向你推荐新客户。

4. 售后服务很重要

当你成功地向客户销售产品之后，你们之间的关系并没有到此结束，而是一段新的开始。产品售出之后，售后服务也是非常重要的。当客户遇到一些产品问题的时候，即使这不是你的工作范围，也不要一口拒绝，而是为客户提供相关部门的联系方式，以及你愿意竭尽所能为其提供服务的态度。

5. 不怕被拒绝

销售人员被客户拒绝是再正常不过的事情了，毕竟，不是所有人都需要你的产品，也不是所有人都喜欢你的产品。当你被拒绝的时候，不要过于沮丧，要礼貌地道谢，还可以更深入地了解客户拒绝的原因。对于简单粗暴型拒绝，不要气馁，要有面对被拒绝的勇气。重新面带微笑，告诉自己："你很棒！"

或许你觉得自己的某个同事特别好运，总是能成功拿到订单，但请你一定记得，成功并不是靠运气就可以的。销售过程中，销售人员所使用的方法和自身的勇气，是成功的关键因素。所以，在一次次失败面前，要有重新站起来的勇气，并孜孜不倦地寻找适合自己的销售方法。

雄心壮志和不断学习，能让你也成为销售冠军

基本上每个销售团队，都会用销售冠军和销售排名来激励大家。看到那些名利双收的名字，你有没有心生羡慕呢？那个名字为什么不能是你？虽然冠军可能只有一个，但并不是固定不变的。只要你肯付出努力，下一个销售冠军就可能是你。

当然，首先你得有这样的雄心壮志，否则你根本不可能拥有热情和干劲，更容易得过且过。有了远大目标之后，开始踏上不断学习的征程，你就可能成为销售冠军。不要以为自己现在做得已经很不错了，经验也很丰富，所以就不用学习。社会是处于不断发展中的，人们的需求也在不断地变化，了解市场热点、客户的新需求以及产品的更新迭代；哪怕已经是销售冠军了也需要去做，想要成为销售冠军的你，更要虚心学习。

试想，如果你销售的产品已经升级或者改版了，但你还没有来得及了解新功能，那么在销售过程中就会出现尴尬的局面。客户凭什么要从一个不知道新功能、显得一点都不专业的销售员手里购买产品呢？

除了要了解自己手中产品的性能之外，还要去学习竞品，对它们进行透彻的分析。将竞品与自己的产品，进行对比分析，掌握两者之间的差异。

张华是一家医疗产品公司的血糖仪电话销售人员，他每天都会坐在电话前，不停地向电话另一端的企业客户推销产品。

有一次，他在拨通一个电话之后，刚说明来电目的，对方就不耐烦地说："不需要。"与此同时，他听到电话另一端传来一位老年女性的声音："好像操作不对，数值很奇怪。"

张华在听到这个声音之后，看到对方没有挂断电话，礼貌地问道："冒昧问一句，有什么可以帮您的吗？"

电话那端的人沉默了一下，说道："事实上，我们刚买了一个血糖仪，但是我们研究了半天，还是不会用。"

张华听到这里，问道："如果您不介意，可以告诉我品牌和型号吗？我帮您查查，看能否帮您。"

于是，对方将产品品牌和型号告诉张华。张华听了之后，想起来自己之前在同类产品对比中了解过这款产品。这款产品的操作相对比较烦琐，并不太适合老年人操作。

张华迅速地组织了一下语言，用非常通俗的说法，告知电话那端的客户这款产品的使用方法。在确保他们操作成功之后，还告知他们，有什么可以帮忙的可以随时打电话。

挂断电话之后没多久，张华面前的电话响了。张华接起电话，让他感到意外的是，打电话过来的正是他刚刚通过电话帮助解决问题的那位客户。电话那端的人，首先对他的帮助表示感谢，然后告诉他，实际上自己正在为疗养院采购一批血糖仪。

这位客户之前已经决定购买刚刚自己使用的那台，因为价格相对比较便宜。但是谨慎起见，他自己先买一台回来操作试试。但发现操作太麻烦了，并不适合老年人使用。现在打电话过来，是想要询问张华他们公司的血糖仪怎么样，是否简单、易操作。

在听完张华专业的介绍之后，对方很爽快地下了一笔不小的订单。

你看，生活中处处都有惊喜。张华能得到这笔订单，虽然有点意外，但这与他之前的行为有很大关系。他的专业素养和努力，让他得到了回报。那么，销售者如何才能像他一样取得良好的销售成绩呢？你可以从下面几方面入手。

1. 制定销售目标并且做好计划

很多销售冠军都会遵循布利斯定理。这个定理是行为科学家艾得·布利斯提出来的，它的大概意思就是，在着手完成一项任务之前，先花比较长的时间去做计划，然后完成这项任务的时间会大大缩短。所以，明确的目标会让人有更清晰的方向。作为一名销售，想要取得好的业绩，就要为自己制定合理的目标。

2. 增加更多的知识储备

了解产品的性能是每一个销售人员最基本的职业素养，但额外的相关专业知识则可以让销售者的话变得更有说服力。比如，你在销售空气净化器的时候，只是介绍产品的功能，似乎特别空洞，不容易理解。这时候，你可以跟客户讲现如今我们的大气状况，以及身体健康的标准是怎样的。这样一来，客户就更容易动心。

3. 善于向别人学习

成功的销售人员一定是善于学习的人，他们会从别人的成功案例中找到闪光点。他们学习的目标，不仅仅是比自己优秀的人，还有一些看上去业绩并不好的人，因为每个人身上都有属于自己的独特特质。把别人的优点吸收过来变成自己的优势，会让你变得更强大。

4. 总结失败教训

失败，对销售人员来说是家常便饭，但是优秀的人不会过分沉浸在失败的沮丧中。他们会在第一时间找出失败的原因，然后总结教训，避免下次出现同样的情况。所以，一名优秀的销售者，会在一次次失败中成长，直到成为销售冠军。

第二章

销售能否成功，取决于客户的认可

Chapter 2
你其实不懂销售心理学

不管是路易威登、香奈儿，还是爱马仕、登喜路，这些奢侈品品牌都拥有上百年的历史。为什么这些品牌能够在这么长时间内拥有无可撼动的地位呢？因为来自全世界的客户都认可它们的产品。显然，客户对产品、品牌、销售者的认可，会对其最终的购买决定产生决定性影响。作为销售人员，你要做的就是提升客户对这些因素的认可度，从而成功促成销售。

第二章
销售能否成功，取决于客户的认可

Chapter 2

如何提高客户的认可度

在遵循"客户就是上帝"的销售市场中,对销售人员来说,没有什么比得到客户的认可更重要的了。不管是客户对销售者的认可,还是对产品的认可,都能够大大增加销售成功的概率。

试想如果你是客户,你会怎样选择产品呢?首先,一定是你对这个产品的各方面都很认可。其次,你对销售人员也要比较满意。即便是好的产品,但假如销售人员在沟通过程中让你感到不适,你可能也会放弃购买这款产品。毕竟,从别的地方一样能买到产品,为什么要成全那些自己不喜欢的销售人员呢?

那么,销售人员在与客户沟通过程中,该如何提高客户的认可度呢?其实,客户对于产品或者销售者的认可,取决于多方面因素。

1. 留下美好的第一印象

在人际交往中,第一印象有着非常重要的作用。尤其是销售人员在与客户交往的过程中,如果客户对销售人员的第一印象很差,会直接影响之后的交流。一般来说，销售人员在与客户初次见面的时候，一定要面带微笑，在 5 秒钟内迅速让对方卸下防备与敌意。如果你的长相比较讨人喜欢、亲和力很强，恭喜你，你一定会获得更多进一步介绍产品的机会。而如果你的外形并不具备先天优势，也不要沮丧，得体的装扮和笑容会帮你传递善意。

2. 赢得客户自始至终的喜欢

很多销售人员会认为，推销过程中产品是最重要的，其实这并不全面。产品质量固然很重要，但大多数客户在消费的过程中是一直在做感性判断的。所以察言观色，在整个销售过程中都让客户感到愉悦，很重要。那些优秀的销售，会在与客户交流的全过程中，自始至终都注意给客户留下良好印象，让他们因为喜欢你这个人，而喜欢你的产品。

3. 提供权威文件

对于一款产品来说，权威机构的认证文件，胜过销售人员的无数夸赞。因此，当你在说服客户的时候，一定不要忘记将产品的质检报告、权威认证等可以表明产品质量过硬的相关文件，展示给客户。这些可靠的数据，能够瞬间提高产品的可信度。

4. 提供产品的销量

你可能听说过"羊群效应"这个词，我们身边的绝大多数人都有这种从众心理。当一款产品已经得到一大部分人的信任时，其他人会更容易接受它。因此，如果你销售的产品已经上市了一段时间，在你向客户推销产品的时候，可以给他们提供产品的月销量或者迄今为止的销量。客户通过这些数据产生从众心理，就更容易对这款产品产生认可。

5. 主动提供老客户的反馈

你在网上购物的时候，是不是会去翻看商品评价？是的，已购买用户对于这款产品的评价，是新客户购买产品时重要的参考项目之一。因此，在销售过程中，主动地向客户展示老用户的评价及使用反馈，能够大大提高客户的认可度。

6. 做好售后跟踪与服务

生活中，很多客户都曾经遇见那种付了钱之后就态度冷漠的销售。所以，想要得到客户的认可，建立自己的个人品牌，就不要让你与客户之间的关系因为交易成功而结束。作为销售人员，要对客户进行售后的跟踪回访，及时了解客户在使用过程中的感受以及想法。如果客户有问题，要帮助其解决，让客户感受到自己遇到的是一个负责任的销售。这在无意中会让客户对销售者和产品都十分认可，后续如果有购买意愿，也就会在第一时间想到你。

7. 认真对待客户投诉问题

不管是什么样的产品，都存在一定的不良率。所以，产品出现售后问题是比较常见的事情。当客户反馈产品有问题的时候，我们要重视。首先要道歉，并迅速了解问题，而不是推卸责任。第一时间给客户提供帮助，让客户感受到自己被重视。这样一来，即使产品出现了问题，也不会严重影响客户对产品和你的认可。

当然，想要提高客户的认可度，还可以从很多方面入手。针对不同的客户类型，采取适合他们的方式会更有成效。试着把自己当作客户，来猜度并且满足他们的需求，相信你一定可以做得更好。

没有人喜欢缺乏自信的销售

很多销售新人在与客户初次见面的时候，会手忙脚乱、语无伦次。为什么会这样呢？大多数时候是因为没有自信。可能是对产品，也可能是对自己信心不够。

然而，试想当一个吞吞吐吐的销售人员出现在你面前的时候，你脑海中第一时间浮现出的想法是什么？是不是会想："他怎么看起来那么心虚啊？是不是对自己的产品没底气？我敢买吗？"这一连串的疑问，会让你对这款产品及销售人员，都打上一个大大的问号。

王丽是一名广告销售人员。她上班的第一天，就请同事给了自己一份其他销售员以前没有洽谈成功的客户名单。

在同事眼里，这种做法有点蠢。毕竟那些名单，是几乎已经被放弃的客户。换句话说，名单上的都是非常难说话的客户。公司那么多厉害的销售人员都没有办法谈成，你一个新手哪里来的底气能够征服他们？面对同事的质疑，王丽只用微笑回应。

王丽在对这些客户进行认真研究之后，筛选出自己相信他们有投放广告的需求和必要的客户，然后将名单写在自己随身的笔记本上。她相信这些客户有需求，至于为什么拒绝同事的推销，其中一定有原因。

第一天，她和名单上前十个客户中的两个谈成了交易；第二天，她又成交了一笔交易……到第一个月月末，名单上的三十多位客户，只有一个客户还没有购买她们公司的广告版面。

在第二个月里，每天早晨，王丽都第一个去拜访那位拒绝她的客户。

每次当她介绍完之后，这位老板都干脆利索地回答：不需要。但是，王丽也并没有气馁，还是坚持每天都去拜访。

这种情况持续了一个月。那位老板终于在她介绍完之后，没有说"不"，而是好奇地问："小王，你已经在我这里浪费了整整一个月的时间了！你明知道我不会答应，为什么要坚持这样做呢？"王丽笑了笑说："我并没有在浪费时间呀，因为我始终都相信自己的判断，相信您在我们的版面上做广告，会给您带来不菲的收益。也相信您总有一天，会意识到这一点。"

那位老板点点头说："小王，你的话确实没有错，这两天我也仔细核算过了。但是更打动我的，是你的自信。"最终，他成了王丽的客户。

前面我说过，销售是一场买卖双方的心理博弈。在双方沟通的过程中，不仅仅只是销售人员会对客户的心理进行揣摩，客户也会根据销售人员的反应来决定是否要购买。

在这场买卖双方的"较量"中，显然更自信的销售会取得更好的效果。所以，想要成为一名业绩出众的销售，首先一定要拥有真正的自信。那么，该如何成为一名自信的销售人员呢？

1. 树立个人自信

当你战战兢兢地向客户介绍产品的时候，基本是不会成功的。因为你的胆怯已经传递给了客户，对方不可能信任你和你的产品。哪怕你手里的产品质量确实很好，也很难打动对方。因此，在与客户交流的过程中，销售人员要树立个人自信，消除对陌生人的恐惧感。你要告诉自己：你是来满足客户的需求，帮助客户解决问题的。用一种"自豪"的心态去介绍你的产品，不要将客户视作"洪水猛兽"，而是将他们当作是需要你帮助的朋友。

2. 对产品有自信

想要成功销售，一定是对自己的产品也充满信心。销售人员是无法全身心地为一款自己都在质疑的产品进行推销的。因为那种质疑，会表现在你的话语和肢体语言中，并很快被客户发现。一款让你自信的产品，才能让你有底气在客户面前侃侃而谈。所以，在你与客户沟通之前，先要充分地了解产品的性能，挖掘它的亮点，坚信它是最棒的。

3. 巧妙"拒绝"客户

在面对客户比较过分的要求时，很多销售不知道该如何应对。他们总觉得一旦拒绝，这单生意可能就黄了。但如果不拒绝，自己可能无法满足他们的要求。事实上，对于那些"过分"的要求，是可以巧妙进行拒绝的。适当地拒绝，会给人一种对产品非常自信的感觉。不过，在你拒绝的同时，应该给客户另外一个方案。比如当客户想要压价的时候，你可以告诉客户，这个价格已经是你能给出的最大让步了，不过你可以给他申请一些礼品作为补偿。不要一味地退让，否则只会让客户觉得你的产品价值与价格不匹配。

4. 经常与自信的人在一起

销售人员每天会接触到各种各样的人，自然也会有很多朋友。需要提醒你的是，如果想要成为一名优秀的销售，就尽量多和自信的人交往，远离那些不自信的人。因为身边人的自信，能够使你发生潜移默化的改变，会促使你成为一个更自信的人。

5. 越挫越勇

面对别人的拒绝，多多少少会感到沮丧，这是正常的心理反应，但不能从此被吓倒。一名自信的销售，面对客户的拒绝时，会仍然面带微笑地告诉自己：没关系，下次再来。然后调整心态，查找原因，再次前进。

当然，自信并不是傲慢，一定要注意二者之间的区别。你的自信，是为了让客户产生更多的信任感。但如果这种自信变成自负甚至傲慢，会让客户感到不适，更不会愿意买单。

专业的人，最让人感到放心

在生活中，最让人感到放心的，就是和专业人士打交道。

有一次，家里厨房的管道出了故障。我一开始认为只需要自己鼓捣鼓捣就能修好，但是忙碌了1个多小时，尝试了诸多方法后，问题依然没有解决。无奈之下，我只好打电话请来了维修公司的工人。

没一会儿，一位穿着整洁的小伙子出现在我家门口。他只用了大概5分钟的时间，就帮我完美地解决了管道的故障问题。

而如果你的牙齿出了问题，你肯定不会去看消化科，而是到牙医诊所。

在美国，收入最高的职业之一就是牙医（年收入平均在20万美元左右），但想成为这样高收入的专业牙医，需要在牙医学院长达数年的学习，以及不断的实习，在通过严格的考试审核后，才能成为一位职业牙科医师。

所以，无论是管道工人还是牙科医生，越是专业的人士，解决某一方面问题的能力越强，越容易得到别人的认可。同样如此，对于销售来说，你更应该让你的客户感觉你是所在领域的专业人士。

那么如何成为你所在领域的专业人士呢？有4点你应该尽量做到。

1. 职业形象

一套高品质的职业套装虽然价格不菲，但你要相信，这是提高你职业形象的最简单有效的方式之一。你的穿着越职业化，带给客户的心理暗示越明显；同时，这也是你对销售这份职业的尊重。当然，除了职业化的服饰以外，你还应该保持面部、头发的清洁。

2. 专业知识

无论你从事哪方面的销售，房产也好，家用电器也罢，你的专业知识必须不断积累，直到你可以成为这一方面的专家为止。因为你永远不知道在销售的过程中，你的客户会提出怎样的问题，或许仅仅是因为对一个小小的问题没有给出专业的回答，就导致你损失了一位重要的客户。

3. 专业态度

光有专业的知识并不够。无论是专业的医生，还是管理学家，你会发现他们都有专业的态度。这种专业的态度就是自信和肯定。如果你的客户经常从你的嘴里听到"可能""或许吧"等字眼，或者见到的是一个缺乏自信的年轻人，那么他们很可能会对你的产品产生疑虑。

4. 表达见解

很多时候，你的客户并不知道产品是否适合他们。这个时候，你应该像一位专业的顾问那样来表达你的见解。你可以这样说：

"根据我的经验，这款软件比我们其他的软件，更符合您公司所在的行业需求。"

"根据您的气质，我个人比较推荐这件套装，您可以试一下。"

"根据您的业务需求，这台设备的功能完全符合，并且性价比很高。"

……

当然，专业地表达见解的前提是你对客户的需求有充分的了解，并且有丰富的专业知识积累,而不是信口开河地表达。

总之,专业的人才更容易赢得别人的信任,想成为优秀的销售精英,你必须要做到这一点。

多用"我们",巧妙搭建心理信任

对于销售人员来说,与客户在沟通中建立认可与信任绝对有助于成交。但是显然,在短时间内让客户对自己产生信任,并不是一件容易的事情。

大多数时候,人们会把销售人员放在自己的对立面。在与他们的谈话过程中,也会刻意保持距离。这时候,销售人员可以通过一个人称代词的改变,来帮助你扭转局面。这个改变就是把"我"变成"我们"。饰品销售员艾丽,在这方面就做得非常出色,并且因此获得了丰厚的回报。

艾丽在一个商场做饰品导购,这个品牌的饰品几乎在各大商场都设有专柜。而且,价格相对也比较透明。所以在销售的时候,没有什么价格弹性空间。也正因为如此,大部分销售人员的业绩都差不多。但是,艾丽是个例外,她的业绩每个月都是最好的。

艾丽并没有权利降低价格,那么在同等价格的条件下,为什么她的业绩那么好呢?上司对这个结果非常好奇,决定偷偷观察一下。这天,上司刚到商场,就看到了下面这个场景。

柜台前走来了一位穿着普通的中年女性,她站在柜台前,扫了一下柜台里的项链。看到其中一条时,好像自言自语似的说了一句:"我刚才在街对面的商场也见过这款项链!"

"您不用惊讶,我们都是一个厂家的产品,是同一品牌。这款是今年的爆款,所以基本上各个专柜都有销售。"艾丽微笑着说。

"哦！原来是一个品牌，那价格也是一样吗？"这位女性扫了一下品牌和价格，似乎想起来什么似的说道。

"对，我们的价格是统一的呢！"艾丽边说边从柜里拿出了那条项链，然后递给这位女性。她拿着这款项链，爱不释手地翻看着，但是最后却无奈地说："不管看多少次，都觉得这款项链真好看，可惜就是有点贵。"说完，恋恋不舍地将项链还给艾丽。

艾丽接过项链，但并没有马上放入饰品柜中。而是继续笑着对她说："贵是贵了点，不过它的价值和工艺，也确实是配得上这个价格。我来给您戴上看看效果。"说完，小心翼翼地将项链戴在这位女性的脖子上。

还没有等艾丽夸赞，这位女性自己不由得发出一声赞叹："真好看！"

艾丽真诚地附和道："您戴着确实好看！咱们女人其实应该对自己好点。我们总是在为丈夫、孩子及家庭考虑，给他们买多少钱的东西都不觉得心疼。唯独会忽略掉自己，给自己买什么都舍不得。"

女性听了她的话，连忙点点头，说道："是的，我就是这样想的！"

艾丽继续说道："您看我，虽然天天卖饰品，但是很少舍得给自己买。前些天，我咬牙给自己买了一件，就是我现在戴的这个项链。这是我觉得最近做的最正确的一件事了。"说这话的时候，艾丽指了指自己脖子上的项链。

女性赞叹地说："你戴的这条项链非常适合你，你的决定是对的。我今天也要和你一样，下决心给自己买一件。"

然后，在她们聊天的过程中，这位女性就已经付过了款，她觉得自己今天真是碰见知己了，最后走的时候还有点依依不舍。

你看，当你和对方站在同一战线的时候，就消除了客户心中的顾虑，并且无形中把对立竞争的关系化解掉；当你和客户站在同一立场的时候，你就会和客户在思想上产生共鸣，就能够更轻松地突破客户的心理防线。

在服务行业，人们花钱买的除了产品，还有服务和心情。你让客户感到舒心了，他们才更愿意去花钱。艾丽就是做到了这一点，才会有那么好的业绩。从艾丽的身上，我们可以学到，在与客户沟通时，可以借助语言的力量，来帮助增加客户的心理信任。

1. 把"我"改成"我们"

"我"是指单独的一个人，也就是你自己。在表达个人观点、看法的时候，经常会使用到。但是这个字有时候会给人带来一些比较负面的信息，比如，会让人觉得你以自我为中心、和"你"是对立的。所以，你可以将"我认为这款产品非常实用"，改成"我们都认为这款产品非常实用"。你看，你一个人的观点，一下子就变成了多个人共同的观点，听上去是不是非常有说服力？

2. 把"你"改成"我们"

"你"这个词，在有些时候具有评价和判断的意思。尤其是在与客户沟通的时候，如果遇到客户心情不好，可能会被当作是一种对峙或者让人有一种孤立感。如果你在推销某产品，想要客户体验的时候，最好将"你要不要先体验一下"，改成"要不我们先来体验一下"这种说法。这会让客户觉得你跟他是站在一起的，并且会一直陪伴他、为他服务，心理体验当然更好。

3. 把"他们"改成"我们"

在遇到客户拿同行对比的时候，你会怎么说？是不是经常会说"他们……"？这种说法一说出口，就直接将同行放到了自己的对立面。这时候，你不妨试着将"他们"换成"我们这个行业"，虽然只是改了一下人称，但你们之间的关系，从对立变成了统一。这对于客户来说，让他感受到的是一团和气，而不是充斥着火药味，这能够让客户更安心，对你也更放心。

"我们"这个词语，很容易把两个人拉到同一处境内，这会增加对方的信任感和安全感。这种心理变化对成功销售有着非常重要的帮助。因此，在你与客户交流的过程中，尝试着改变自己的说话方式，通过"我们"这个词来突破客户的心理防线吧。

全心投入销售，热情是一种气质

销售工作充满了弹性，换句话说，就是没有固定的上下班时间，有时候深夜也是你的工作时间。这种随时都处于工作状态的生活，容易让人失去热情。但是你会发现，那些优秀的销售者，不管什么时候总是像打了鸡血一样，浑身充满活力。

孙可是一位非常出色的电脑推销员。有一天，一位看上去穿着朴素的人，来到他们的店里。孙可赶紧上前问好，但是这位客户神情冷淡地对他说："我自己随便看看，你先忙吧！"

这时候，孙可礼貌地回答道："那先生您先看，有什么需要随时叫我。"说完，孙可便站回自己原来的位置。但他的目光不经意地跟随着客户的身影。他细心地记着客户在每台电脑前停留的时间，以及客户表现出来的神情。

在客户将店里的绝大部分电脑都看了一遍，仍然还皱着眉头的时候，孙可走上前去，主动询问道："先生，您是想要一款内存比较大的电脑吗？"

客户抬起头，疑惑地问："你怎么知道？"

孙可笑了笑说:"我看您在那些内存比较大的款式面前,停留的时间比较长。"紧接着,孙可又问道:"先生,方便问一下您购买电脑的主要用途是什么吗?我可以和您一起挑选更合适的。"

客户这次很爽快地说:"我平时主要做视频剪辑工作,所以希望电脑内存比较大,这样运行软件的时候会更顺畅。"

孙可听完之后,从柜台中拿了两款电脑走到客户面前,告诉他:"这两款产品是专门针对影视后期工作者开发的电脑。不仅运行内存大,音质和分辨率也很棒。很多影视从业者都会选择这两款,您可以看一下。"

客户听完他的话,接过这两台电脑仔细研究起来。孙可则在一旁,有条不紊地向客户介绍产品的其他特点。

又过了很长时间,客户对着其中的一款反复琢磨,但就是没有下定决心购买。孙可猜想可能是价格方面的问题,因为配置越高,价格越贵。于是,他装作不经意地对客户说:"您手里的这款,现在刚好有一个六期免息的活动,非常划算。您只需要先付一小部分钱,就可以让它开始为您工作了。"

客户听完他的话,似乎松了一口气,说:"那好,就要这款了。"

付款的时候,客户对孙可说:"其实这款电脑的价格超出了我的预算不少,但我觉得它实在是太符合我的要求了。还好可以分期付款,我才能下决心买它。还有就是你今天热情服务了我这么久,不买总觉得心里过意不去。"

看!销售人员的热情,很多时候是会带来额外的惊喜的。你要不要也尝试着去做一名充满热情的销售人员呢?下面这些建议也许能帮到你。

1. 热爱自己的职业

能在自己热爱的岗位上工作,是一件很幸福的事情。作为销售人员,首先应该热爱自己的职业。只有你真心喜欢的东西，你才会更加投入其中。那些热爱工作的人，会拿出谈恋爱的心态。爱你所选择的，忠于你所选择的，并且用心地去对待，只有这样才能走得更长久。

2. 对自己的产品充满热情

当一个人每天要重复上百次同样的话，一定会出现倦怠甚至厌恶感。这种感觉，很多销售人员应该都有所体会。但是你需要换位思考，你是对着上百个人说了上百次同样的话。但听到的人，也只是听到过一次而已。如果你在销售的时候，因为厌烦了这千篇一律的话而无精打采、充满敷衍，或者忘了介绍一两个产品的性能，就很可能错失掉一位客户。所以，不管在什么时候，都要对自己的产品充满热情，积极而又全面地向客户介绍。

3. 主动询问，交谈充满热情

很少有客户会在一见面就主动询问很多关于产品的问题，客户也是很聪明的，并不想在一开始就表现出迫切的购买欲，否则容易被销售人员牵着鼻子走。于是，优秀的销售员总是会更主动地询问客户的需求，并根据客户的需求推荐适合的产品。一旦你掌握了主动权，就离成功的销售不远了。

4. 把握分寸，适可而止

热情固然是好的，但不能过度，否则容易显得不真诚甚至虚伪，反而会让客户心生戒备。所以我们在与客户的交流中，需要根据客户的性格，把握自己的热情程度，让他们感到被重视的同时，又不会感到不适。

快乐可以传染，做一个快乐的销售者

我们大多数人在与人交往的时候，常常会被那些乐观、积极向上的人所吸引。因为快乐是一种很神奇的情绪，它能够感染身边的其他人。

拿到订单、取得好的业绩，是销售人员最快乐的事情。但其实反过来，快乐的精神状态，亦能给销售带来好的业绩，因为没有任何人不喜欢看到笑脸。对于销售者来说，快乐是一件制胜武器。销售者可以将快乐传递给客户，增加客户的愉悦感。而心情好的时候，人们的感性情感会更旺盛，更容易去消费。

有一家花店的老板，他在招聘店员的时候，想要从三位应聘者中挑选一位最合适的。这三位应聘者分别是：经验丰富的鲜花销售者、专业园艺师，以及一个毫无销售经验但爱笑的女孩。这位老板分别给她们一个星期的试用期，然后根据她们的表现来决定去留。

三个星期之后，让人意外的是，那个毫无销售经验但是却爱笑的女孩被留了下来。按道理，她的业绩并不是最好的，但是却获得了工作机会。

原来，老板虽然并不经常在花店中，但是他通过店铺的监控系统，了解了这三位应聘者试用期的表现，最终选择留下那位爱笑的女孩。

这位老板开这个花店的初衷，是希望每一个进店的人都能感受到幸福，他认为这是鲜花的魅力所在。他看到那个爱笑的女孩，面对每一位进店的顾客时都是面带微笑，并且先问好。然后和他们聊上两句，再和他们一起挑选鲜花。当客户购买好之后，她依然会面带微笑地跟客户告别，并送上祝福话语。

老板翻看了一周的监控视频，发现那位女孩这一周的客单价虽然不高，但是客户回购率却很高。而另外两位试用者的客单价虽然很高，但是回购率却很低。老板找到女孩，问她原因。

女孩愉快地回答道:"我每次都只会给客户介绍一两种花儿,我告诉他们鲜花的花期比较短,等这些花儿谢了再买其他喜欢的就好。一次买太多,容易错过这些花儿盛开时的美好。所以,这些顾客即使每天来买花,也不会觉得自己花了很多钱。"

老板接着问这位女孩:"为什么你看起来总是那么快乐?"

女孩依然笑着说:"在这么美的地方工作,做着自己喜欢的事情,不应该感到快乐吗?"

后来,花店里的老客户来买花,看到老板在,都毫不吝啬地向他夸赞道:"你真是招了一名好员工呀!现在我每天都来买花,都会跟小姑娘聊上几句。这一天不管遇到多糟心的事儿,心情都能变得很好了。"

老客户的这些感受,正是花店老板留下女孩的原因。作为生意人,他当然希望自己的花店可以长久地生存下去。这样一来,就需要老顾客的多多支持。这个女孩大大地提高了店里的客户回购率,足以说明客户对花店的认同。另一方面,他希望每个进店的顾客,都能享受到快乐,而这个女孩成功做到了这一点。

这就是快乐带给这个女孩的正向反馈,不仅自己每天都有好心情,还收获了客户和老板的认可,形成了一个积极的良性循环。

显然,快乐是一种非常积极的正能量。成为一名快乐的销售人员,不仅可以将这份积极的能量带给与你相处的人,还能够帮你更出色地完成工作。那么,如何在日复一日的工作中,找寻那份快乐呢?

1. 找到工作的价值

销售人员总是在和不同的人打交道。有时候你可能会觉得很累,自己要像"变色龙"一样,应对不同类型的人。但其实,这也恰恰是这份工作的魅力所在。在与不同类型人的交往过程中,可以磨炼人的意志,提高社交能力，还可以通过销售的工作广交朋友。这些都是销售这份工作的价值，当你真正认识到这些价值的时候，你工作起来就会变得更快乐。

2. 保持积极乐观的心态

人是情感动物，所以我们被人拒绝时会感到难过，但对于销售人员来说这似乎是家常便饭。面对别人的拒绝或者嘲讽的时候，要有积极乐观的心态，告诉自己：没问题，自己做得已经很好了，下次再努力一下试试。在挫折中，不断地为自己加油鼓劲。这种积极乐观的心态，能让你成为一名快乐的销售。

3. 时常面带微笑

面带微笑是一种礼仪，也是你最好的名片。即使是面对有言语不通、沟通有障碍的外国客户，销售者也可以通过微笑，向客户直观表达自己的友善。当你面带微笑地对待客户时，客户的心情也会变得更加愉悦，这会给接下来的交谈开一个好头。不过，微笑的时候要注意分寸，不要过分谄媚，也不要不真诚。你的用心是否真诚，客户可以真切地感受到。

4. 远离负能量

与快乐一样，负能量同样可以传染人。因此，想要做一个快乐的人，就要学会远离那些充满负能量的人，尤其是那些整天抱怨"客户难缠""不公平""业绩难做"的同事。因为对工作充满负能量的人，长期相处下来，容易让你也变得不快乐，充满怨气。

为了生活和更美好的明天，不管是开心还是难过，我们每个人每天都要起床面对眼前的工作或学习。既然如此，为何不让自己更快乐地对待一切呢？做一个快乐的人，通常都会更幸运一些。

第三章

心理暗示法，
最有效的成交方法

Chapter 3

你其实不懂销售心理学

销售人员当然希望自己是那个占有主动权的人，但想要把握主动权并不容易，这需要你有一定的谈判技巧，并且有丰富的心理学知识，才能让事情往自己期望的方向发展。

　　心理暗示法，就非常适合需要经常与人沟通的销售行业。那些优秀的销售人员几乎都非常善于运用心理暗示法，他们常常借助这个方法把握节奏，引导客户在不自知的情况下做出回应，让事情按照他们的意愿发展。我曾访问过很多销售冠军，他们都认为心理暗示法是最有效的成交方法。

第三章
心理暗示法，最有效的成交方法

Chapter 3

客户要的不是便宜，而是占便宜

价格是一种独特的优势，也是你的产品或服务吸引别人、占领市场的关键因素之一。但很多时候，你可能忽视了一点，那就是你的客户可能更喜欢的是"占便宜"。

你喜欢"占便宜"么？如果你喜欢，不用不好意思去承认，这是因为喜欢"占便宜"是一种很常见的心理，无论是有钱人还是穷人，都可能有这样的想法。

举个例子，超市中你经常购买的一种食物，通常需要30元，但是近期搞活动，只需要15元就可以购买一份。在这种情况下，你不仅会迅速做出购买的选择，而且还可能一次买上两份。

"占便宜"的心理告诉你，在降价期间花更少的钱，得到同样的商品或服务。这种想法会帮助你尽快做出购买的决定。

我有一位房地产商朋友。他很有钱，也很精明，但有一次，他也因为"占便宜"而做出了让他有些后悔的选择。那一次，一位游艇销售员向他推荐了一款游艇。虽然价格不菲，但对方承诺可以给他低于市场价格30%的一个售价。

这是一个非常诱人的条件，所以我这位商人朋友并没有考虑太久，就购买了游艇。他告诉我说，当时感觉自己占了个大便宜，但是后来却发现，自己虽然喜欢开着游艇出海钓鱼，但是时间有限，大多数的时候，这艘游艇只能孤独地停靠在距离他家千里之外的海岸边，而且他还需要每年支付不菲的管理费和游艇维护的费用。这让他感觉有些后悔。

在生活中，不知道你有没有类似的经历，无论钱多钱少，你总会发现自己买了一些毫无用处的商品，或是做出一些让你感到后悔的消费决定。而很多人做出这些错误决定的一个重要原因，就是"占便宜"的心理动机。

当然，反过来说，作为销售，如果你能让你的客户产生一种强烈的"占便宜"的心理，那么你销售的成功率将会大幅提高。不仅如此，如果你的客户在购买之后，依然真心觉得自己占了便宜，那么这几乎等同于一次非常完美的销售，有可能会让你的客户继续选择从你这里购买商品或服务。

那么如何让你的客户产生"占便宜"的感觉呢？这里有 4 个有效的方式，你可以根据自己的销售权限，在不同的销售场景下使用它们。

1. 利用节假日促销

首先来说，促销是商业社会最为古老的营销手段。直到今天，这种方式依然在帮助企业及销售人员创造经济利益。想想看，"双 11"、春节的商场大促销，你一定经历过那种"疯狂购物"的场面，这就是打折促销的魔力，谁不喜欢花更少的钱买同样好的商品呢？

2. 告诉对方一个高价

有的销售会直截了当地告诉客户真实的底价，这种做法有它的好处，但也有它不好的一面。如果客户比较关心的是价格，那么这样做很容易失去议价的空间。而如果你告诉客户，这件商品的原始售价是一个比较高的价格，而今天购买能够享受很大比例的优惠时，那个虚高的原始售价就会对客户的心理产生影响，更容易帮助客户产生强烈的购买欲望。

3. 增加一份"筹码"

"今天购买的话，我们能送给您一套价值×××的产品。"相信这样的话你一定听到过，它确实是有效的。如果你的客户对你的产品感兴趣，而价格调整的空间有限，此时如果能有一些额外的优惠，比如一些赠品或是服务的保障期延长等，都可以看作是你的销售"筹码"，可以让你的客户感觉花同样的钱，却收获更多。

4. 用语言进行暗示

你要相信，语言的暗示力量是很强大的，它可能会影响到客户的潜意识，让客户在短时间内产生购买的冲动。比如：

"这次优惠力度这么大，我的一位客户一下就买了5份。"

"下个月，公司就要提高价格了，生产成本太高了。"

"同样户型的房子，上个月刚成交了一套，这套报价差不多，但是装修得比那套要好很多。"

……

当然，如果你的客户最终购买了你的产品和服务，一定要记得夸赞他做出了正确的选择。这样做的好处是会提升客户的购买体验，增加复购的可能。

没有最好，只有最适合

严格意义上来说，这个世界上没有所谓"最好"的产品，只有当下最适合你的产品。因为不管是多好的产品，随着时代及科技的进步，慢慢地都会被淘汰或者迭代升级。

世界上没有完全相同的两片叶子，也没有完全相同的两个人。每个人都有属于自己的思想，对于同一种产品的想法和要求，不同的人都会有所不同。你心目中最好的，也可能对别人来说是最糟糕的。但最适合客户的，对他们来说通常都是最好的。

因此，销售人员在销售过程中，应该选择最适合客户的产品去推荐，而不是选择所谓的最好的产品给客户。要知道，那些你认为的"最好的"产品，不一定适合所有的客户。

有一天，老陈的杂货店里来了一个男性顾客，急匆匆地询问店员："你们店里有保温杯吗？"

店员客气地回答道："先生，我们店里有很多种保温杯。不知道您是想要好的，还是次一点的？"

这位男士脸上顿时露出不悦的表情，说："当然是好的，谁会想要次品？"

店员听了他的话，从柜台中拿出一款保温杯，然后递给这位男士，说道："先生您可以看看这一款，是我们店里最好的一款保温杯。"

男士看了一下，问："这个多少钱？"

店员回答道："400 元。"

男士不可置信地看着他说："一个保温杯这么贵吗？我来之前查了一下，大家说好的保温杯也就卖 200 元左右。你这个竟然要 400 元？真是太贵了，而且这杯子看上去也没什么特殊的地方。"

店员继续说道："200 元左右的我们也有，但是不如这款好。"

男士听完他的话，什么也没说，放下杯子，转身离开。

在一旁的老陈目睹了这一切，这时候他急走两步，赶上正要出门的男士，对他说："先生，我刚刚听见您要买保温杯是吗？您主要用它装冰水还是浓汤呢，看看这款怎么样？"说着这话，他把手上的保温杯递给那位男士。

男士看了一下杯子没有接过来，只是问道："这个多少钱？"

老陈回答："180 元。"

男士又看了一眼保温杯，说："刚刚你的同事说这个价位的杯子不好。"

老陈笑着说："我的同事没有说清楚，他说的是同品牌的价位不同，质量不一样。但是您也知道，保温杯的品牌比较多。不同品牌的价格定位不一样。刚刚同事给您拿的那款因为最近请了大明星代言，所以成本高了，价格也要高些。现在给您推荐的这个品牌是专门做保温杯的，技术相当成熟，广告费用低，所以相对而言成本比较低，价格也更实在。而且这款使用的是陶瓷内胆，很适合装冰咖啡等食物，很受大家欢迎呢。"

男士听了他的话，接过杯子说："我就是想买来装冰咖啡的。那隔热效果怎样呢？"

老陈继续笑着说："这个您放心，这款保温杯质保一年，保温效果可长达 12 个小时。但是您也知道，1 个小时和 12 个小时，咖啡的口感肯定不一样，相信您平时也不需要储存那么久。如果出现不保温的情况，您可以来免费更换。"

男士听了他的话，对他说："那就要这款了。"

老陈之所以能挽留住这位客户，不仅仅是因为他推荐的保温杯价格符合顾客的心理预期，更主要的是，不管是从价格还是性能上来说，对于这位男士，这个保温杯都是适合他的。

那么，销售人员在为客户推荐产品的时候，怎样才能挑选到适合他们的产品呢？显然需要你在与他们打交道的过程中察言观色，比如客户总看价钱你就不要推荐特别贵的，客户衣着保守就不要给他们介绍过于新潮的。

相信下面这些建议可以帮到你。

1. 挑选与客户消费能力相匹配的产品

显然客户的消费水平差异巨大，有的人买一堆奢侈品眼睛都不眨一下，有的人即使是买盒牛奶也要货比三家。所以，对于不同消费能力的客户，要有不同的推荐方案，并且要注意你的措辞，不能让对方感觉到被冒犯或者被当作"肥羊"。在客户的消费能力范围内，选择性价比最高的产品，才是最适合他们的。

2. 给产品以准确定位

产品的市场定位很重要，正确的市场定位能够帮销售人员快速地筛选出目标客户。不同的人群需求不一样，对产品的要求也不一样。只有将产品准确定位，才能在面对目标客户的时候准确地将两者匹配在一起，也更容易为客户提供最合适的产品。

3. 避免给客户推荐过多产品

当一个人的选择太多的时候，并不一定是好事，容易出现"选择恐惧症"，甚至最终会放弃。销售人员在给客户推销产品的时候，不应该一股脑地给客户推荐一大堆产品，这样会让客户无法做出购买决定。因为客户永远都会对产品进行比较，试图选出最好的那个。因此，销售人员需要引导客户选择最合适的产品。一般来说，在给客户推荐产品时，不要超过三个。让客户在有限的数量中选择一个，会比较容易成交。

4. 帮客户做出选择

当你不知道该买那件红色还是黑色的上衣时，你最希望身边的人为你做些什么？你应该非常希望身边的人替你做出一个选择。在买卖的交易过程中，也是一样的。当客户无法在多件产品中做出选择的时候，销售人员应该趁机给客户一个决定。当客户不知道选择红色或者黑色的衣服时，你可以告诉他："我个人觉得选择黑色比较好。因为黑色不仅百搭，还很显瘦。"这种情况下，客户即便不会按照你的建议选择，也更容易做出成交的选择。

在各行各业，一般来说，最贵的产品性能相对也更好，但不要因为这个原因就给所有客户都推荐最贵的产品。尽管大多数价格高的产品质量也会更好，但每个人心中对产品质量的要求是不一样的，所能接受的目标价格也是不一样的。所以，要为客户挑选适合他们的、在他们心中性价比最高的产品，而不是最贵的产品。只有这样，你才能成为更优秀的销售。

任何商品和服务都有缺点，突出优点即可

虽然追求完美是人类的天性，但事实上没有任何商品是完美的，也没有任何服务是完美的，更没有任何人是完美的。我们通常所说的完美，只是相对而言的一种状态。

大街上随处可见的汽车，虽然看上去差不多，但是它们之间都有各自不同的优缺点。众所周知，美国人注重舒适度，因此大多数美国车比较宽敞，乘坐起来舒适度比较高，但缺点是非常耗油；德国人做事比较严谨，他们生产的车，安全性能比较高，但外观缺乏新意；而日本车最大的优势就是省油，与之相对，缺点就是为了省油车身比较轻，不耐撞。

对于这些存在着各自优缺点的车，销售人员在销售的时候，该如何去和客户沟通变得尤为重要。如果客户预算有限，只是作为代步工具上下班，可以推荐他选择省油的日本车。如果客户喜欢到处旅游，则可以让他选择安全系数比较高的德国车。

对于不同的客户群体，根据他们的需求，选择更具有优势的产品给他们即可。你要知道，这世界上的任何产品和服务，多多少少都存在着不足。对于销售人员来说，不管你的产品有多完美，客户都会盯着缺点或者瑕疵与你谈判。不用慌，你应该引导客户，让客户明白他需要考虑的是产品是否可以满足他的需求，而不是去寻找完美方案。所以不要回避或者掩饰缺点，而是突出产品的优点，用这些长处来满足客户的需求，从而刺激他们的购买欲。

汽车销售员李森在这一点上，就做得非常出色。他是日本丰田汽车的销售。有一天，店里来了一位穿着朴素的中年女性，这位女性看起来心情并不好。

在这位女士进店之后，李森走上前和她交流："女士下午好，很高兴能为您服务。请问您是想要看看车吗？"

女士点点头，指着外面一辆破旧的日产车说道："我现在开的车已经快开不动了，想要换一辆。"

李森朝女士手指的方向看了一下，然后接着问："您是否已经有比较心仪的款式了？或者需要我帮您介绍一下？"

女士一边看着车，一边说道："前两天我从广告中看到，今年丰田出的那款新车很漂亮，尤其是那款红色的。"

李森听完她的话，微笑着说："是的，这款车不管是从外形，还是性能上都做了升级，确实很漂亮。样车在那边，我带您过去看看。您可以坐上去试驾一下。"

说完，李森就带着女士走到那款新车面前，请她坐进驾驶座中，让女士真实感受一下舒适度，他自己则在一旁讲述这款车升级之后的新功能。

女士听完他的讲解，从表情上可以看出非常满意。但是她转身问李森："我听说日本车虽然很省油，但是安全系数不高。是真的吗？"

李森听了她的话，笑着说："女士，冒昧地问您一下，您开的那辆日产车，有没有出现过安全问题呢？"

女士摇摇头说："那倒没有！"

李森接着说："虽然大家都认为日系车比较轻，可能不耐撞，但这只是相对而言的。现在车子的外壳材质，已经做了全面的升级。对于一般的车辆摩擦和碰撞，这款车完全可以经得起考验。再说，车子不是还有保险嘛。长年累月地，这款车一年能为您节省不少油钱呢。"

女士听了他的话，赞同地点点头，然后说："那就这一款吧！"

李森之所以能够成功地做成交易。第一，他看到女士的旧车就是日系车，第二部车还来看日系车，说明她从内心认同这一类型的车；第二，他抓住女性爱美以及追求高性价比的心理，强调省油和新车外观上的优点，从而打动这位客户的心。

因此，面对产品的缺点时，不要感到惊慌，要用你的智慧巧妙地化解这种劣势。下面这些建议，可以帮你更有自信地面对商品的不利因素，凸显出其优点。

1. 了解竞品，找出差异化

当客户询问你"你们的产品和××品牌的产品，有何不同"的时候，你该怎么回答呢？如果你选择诋毁对方的产品，一味地夸赞自己的产品，显然是不合适的。最适合的做法是，你将自己的产品与竞品之间的差异指出来。从它们之间的差异入手，阐明自己的产品优势。这就需要你在与客户交流之前，对竞品有一定的了解，才能迅速地做出反应。

2. 突出新功能，激起客户好奇心

产品和人一样，每一款产品的问世，都有着它自身独特的特点。而这也恰恰是销售人员在销售过程中应该抓住的点，以此来吸引客户。尤其是有特殊用途或者外观的产品，一定要被销售人员重视起来。这些特点，往往成为销售人员成交的有力推进剂。

3. 善于利用品牌优势

品牌的优势其实也属于商品的优势之一。那些知名的品牌，即使没有过多的宣传，新品上市的时候，也会有很多人去争相购买。这些人多是为品牌买单。因此，如果你的产品恰好有这方面的优势，一定要记得去利用。

4. 扬长避短

任何产品或者服务都会存在不足之处，但销售人员不能因为这些不足，就对产品或者服务失去信心。在销售过程中，应该尽量做到扬长避短，突出产品或者服务的优势。

销售人员在面对客户的时候，往往众口难调。别气馁，你的产品不可能满足所有人的需求。还是那句话，根据产品的优势去推销产品。只要这些优势可以为客户解决问题，就是对客户有用的产品，就有可能成交。

让客户感觉自己找对了人，做出了正确选择

很多人都会有一个习惯，在购买某件产品的时候，喜欢先去看看自己

身边有没有熟人可以帮忙购买。原因很简单，我们总觉得熟人更让人安心、放心。

因此，优秀的销售人员，总能够以最快的速度与客户熟络，并让客户认可自己。当客户认为这个人是和自己站在同一立场的时候，或者和你打交道有安全感的时候，交易就很容易达成了。

大家都知道，保险行业的学问很多，稍有不慎就会掉入语言陷阱。一方面，让保险销售人员头疼的是，很多人会先入为主地讨厌推销保险的人或者电话；但另一方面，那些真正想买保险的人也很焦虑，因为他们确实需要这些产品，但又害怕自己遇到不靠谱的销售人员，让自己掉入防不胜防的隐形陷阱中。

老王已经五十多岁，他想要为自己买一份健康保险。但是他迟迟不敢去咨询保险公司，因为他身边有几个朋友就被销售人员给忽悠了，买了特别"鸡肋"的保险。

这一天，老王去街上买东西，无意中看到一个正在发传单的保险销售员。他走上前，向发传单的销售要了一张宣传单。他看了一下，是介绍意外险的传单。这并不是他想要的那种健康保险，所以他没说话，准备离开。

这时候，发传单的销售轻轻地问他："先生，您是想要咨询关于保险的事情吗？我从业十几年了，对于这个行业相当熟悉。您要是信得过，我可以免费为您提供服务。"

老王当然不相信在街上遇见的这个陌生人，于是他摆摆手，说："不用了，我只是随便看看，谢谢你。"

这位销售也没有勉强他，但还是给了老王一张名片，让他有问题可以随时联系他。

老王回家之后，翻看手中的名片，并查询了一下他的公司，是一家非常正规的保险公司。多方查询之后，他抱着试试看的态度，拨通了那位销售的电话。

"你好,我下午收到了你的名片。我想了解一下关于健康保险的情况,你能帮帮我吗?"

那位销售立刻回答道:"当然,很乐意为您服务。您看您明天有空吗?我去拜访您。"

老王说:"好的,那就明天见。"

当老王正要挂电话的时候,那位销售又开口说道:"对了,王先生,您现在能抽空跟我说一下您的一些基本状况吗?我可以根据您的实际情况,先为您筛选出几种适合您的险种,这样就不会浪费您太多的时间。"

这让老王很意外,他思索片刻之后,将自己的基本情况说给那位销售听,然后两人结束了谈话。

第二天一大早,那位销售就到了老王家。他带着电脑以及几份资料,花了相当长一段时间,为老王介绍他筛选出来的几份保险,供其选择。

老王在听完他的讲述之后,原本不安的心已经彻底放下。这位销售并没有像其他人一样,花言巧语地给自己推销最贵的那些保险,而是根据老王的收入、健康状况以及家庭情况,筛选出了几份合适的保险。

作为外行人,老王原本不知道该如何选择。但是他通过这位销售的介绍,很轻松地选出了一份心仪的保险,并愉快地签字。

遇到一个好的销售,对客户来说是非常难得的事情。好的销售会给出最真诚的建议,并提供最适合客户的产品。如果你想要成为客户心中那位"好销售",可以从下面几点出发。

1. 发现客户的"痛点"

痛点,通俗点说就是亟待解决的、比较重要的问题。痛点几乎存在于每个人或者企业身上,只是还有尚未被发现的问题。你在向客户销售产品之前，最好先去了解客户，从你的观察与分析中找到客户的痛点。我们寻找客户痛点的最终目的，就是为其提供可以解决这一痛点的产品。

2. 站在客户的立场上选商品

销售人员在与客户沟通的过程中，常常会遇见一些有购买意向但是却对自己的需求比较模糊的客户。比如一个从未进过厨房的男人，帮妻子买酱油的时候，通常不知道该选择哪一种。这个时候，先不要盲目推荐，而是先询问客户家里平时经常做什么样的菜式，家里是否有孩子，以及口味偏好等。然后根据客户的情况，挑选适合他们的酱油。这样，客户会对你感激，并觉得你替他做出了正确的选择。

3. 提供真诚的建议

作为非专业人士，在选择产品的时候很容易出现失误。而作为销售人员的你，与大多数客户相比，在产品方面相对会更专业。在销售过程中，当你发现客户选择的产品并不适合他的时候，要适时提醒客户，并真诚地给出更合理的建议，这会让客户对你更加信任。

4. 及时给予客户反馈

当客户提出了问题，一定是有原因的。这时候，要及时弄清他们问题背后的真正动机，并帮助客户解决疑问。也可能有时候客户的问题在专业人士看来比较"幼稚"，即使如此，也要予以回答，不可以忽略客户的问题。如果选择直接忽略，会让客户觉得你避重就轻。

最后切记，任何技巧性的东西都抵不过真诚。想要客户从心底认同你，就放下那些花言巧语及套路，真心实意地为客户考虑，与其站在同一立场。你真诚的态度和行为，会让客户感受到并且感动，然后为之买单。

找到客户的潜在需求，成功率翻倍

总会有一些销售人员，像是懂得读心术一样，可以准确地猜出客户心中的想法。其实并不是这些销售会读心术，而是他们善于发现客户的潜在需求，从而使交易的成功率增加。

小万是一家打印机的销售员，公司出了新款机器，他前往一家老客户那里进行拜访。当他抵达那里之后，找到负责的经理说道："您好，经理。我是××公司的销售代表小万。我们公司最近推出了一款新的打印机，在性能和使用寿命等方面都做了升级，非常适合你们这种需要大量打印文件的公司。"

那位经理听到小万的自我介绍之后，说道："我们的打印量确实不小，但现在还没有打算更换新的机器，目前这台用着挺好的。"

小万点点头，然后说道："我来之前了解过，贵公司现在用的就是我们公司的产品。不过，这个型号目前已经停产。我刚刚看了一下您的机器，应该已经过了质保期了。最近有没有出现什么问题呢？"

经理想了一下说："最近没有，买回来中间只出现过一次故障，不过当时有工作人员很快就上门帮忙解决了。"

小万说："那就太好了。如果机器之后出现什么问题，您可以随时打电话给售后的维修人员。不过，过了质保期，上门维修需要您出一笔费用。当然，这笔费用与买一台新的机器相比，便宜多了。"

经理说："你真幽默，虽然我没有打算这台机器能用上几十年，但是最近我们比较忙，可千万不要出什么问题，否则真是会影响工作进度呢。"

小万继续问道："您现在每个月的打印量有多少呢？每台机器都会有它的最大使用量限制。您现在这台机器的最大使用量限制是每个月一万张A4纸的打印。"

经理皱了一下眉头说:"我们现在一个月打印量不超过一万张,但是最近业务量在扩张,很快就会超过这个数值。那岂不是很容易出问题?"

小万说:"如果是超出这个限制,确实可能会比较容易出问题,而且会严重影响机器的使用寿命。"

经理听了小万的话,想了一下说:"你们现在这款新品,可以满足多少的打印量呢?价格又是多少?"

小万说:"这款新机器,可以满足一个月 3 万张 A4 纸的打印需求,而且质保期延长至五年。价格现在也是特别划算。因为您是我们的老顾客,可以享受会员折扣;再加上如果您不要老机器,以旧换新的话,差不多可以半价拿到这款最新款打印机。"

经理没想到还能以旧换新,只需要半价就能买到,所以他没有思考太久,就当场决定订购一台。

销售人员的终极目标,就是满足客户的需求。有些客户的需求比较明显,有些客户则不然。只要是对产品存在潜在需求的人群,就可能成为你的客户。但茫茫人海中,什么样的人有哪些潜在需求,该如何发掘客户的潜在需求,是销售人员应该学习的技巧之一。

1. 旁敲侧击,多听多看

客户有时候并不愿意表露出自己的目的或者想法。这时候,你应该多与客户交流,从谈话中获得更多的信息。另外,观察客户的行为,也能获得不少信息。我们前面说过,优秀的销售都是心理大师,通过客户的语言以及肢体动作,能够迅速、准确地分析出客户的真实想法。

2. 利用"体验",发现客户的需求

有时,客户自己在选择产品的时候也没有明确的目标;只知道自己需

要这个产品，但具体需要哪一款，可能并不清楚。这时候，聪明的销售就会邀请客户去亲自体验产品。然后根据客户在体验产品过程中的语言以及行为表现，判断出客户的需求，从而引导客户下单。

3. 利用有奖问答，来获取信息

当你对于客户的需求毫无头绪的时候，不妨用一些小奖励来帮你得到这些信息。比如有奖问答，也就是客户回答你的提问会得到一些小奖励，这是一种非常有效的方法。客户可以从你这里得到一些小奖品，而你则可以从客户那里得到他的想法。

4. 深挖客户的关联需求

很多时候，客户的需求并不是单一的。客单价比较高的销售，往往善于发现客户的关联需求。比如，一个人在下雪的冬天，穿着单薄的衣服去买羽绒服时，除了衣服，他也许还需要一顶可以替他挡雪的帽子，或者能够保护手的手套。这些与客户的主要需求相关联的需求，需要销售人员通过细心观察才能发现。

有需求才会有购买意向，因此销售人员在销售过程中，最重要的是找到客户的真实需求，这样才能成功达成交易。而客户的需求，并不一定需要客户自己说出来，你的观察、主动询问，都能让你得到答案，关键是你要有这个积极主动的意识与敏锐的观察力。

强行推销，只会带来对方的反感

我们在买东西的时候，虽然自认为做出的是理性的购买决定，但其实感性成分通常占一大部分。对于一款产品，我们经常有自己的感觉和判断。如果一个人试图将自己的观点强行灌输给你，这种行为一定会引起你的反感，连带对这个人也会产生厌恶感。

在销售过程中，这种强行将自己的观点灌输给客户的销售行为，属于强行推销，是销售行业的大忌。当你强行推销的时候，会让客户感受到胁迫和压力，更会激起客户的逆反心理。这样的结果只有一个：增加客户的厌恶感，导致交易失败。

有一次，我去一家服装店里买衣服。相中店里的一件西服，看上去非常好看。于是我就请店员帮我拿下来试穿。可能因为我的个子比较高，所以西服穿在我身上，看上去有点小，尤其是袖长明显不够。

于是，我穿着这件衣服走出试衣间，问店员："这件衣服有没有大一号的呢？"

店员查看了一下我身上穿的这件的码数，遗憾地跟我说："您身上这件就是最大码呢。您穿上是觉得哪里不合适吗？"

我给她展示了一下袖子，说道："袖子太短了。"

店员看了一下，说："不短啊。我觉得这件就挺好看的，很适合您的气质。"

我看了看她，什么也没说，将衣服脱下来递给她就出门了，此后再也没有去过那家店。

我不知道作为一名销售，看到衣服明显不适合客户时，为什么还要强行推销呢？这只会让我感到气愤。难道就没有其他真正适合我的衣服了吗？

我们可以理解销售人员急于卖出产品的心情。但是你总不能为了自己的业绩，强行卖给客户不适合他们的产品吧？客户又不是没有判断能力、任你宰割的。

除了强行销售不适合的产品，我们可能还会遇见那些在路上拉着你让你买东西的人。这些人根本不管你是不是有空，也不管你到底需要不需要这款产品。他们总自认为你需要，并且一定会从他们那里买。所以，总是试图强硬地拽着你，不想让你离开。更可气的是，在你拒绝购买之后，有人甚至还会轻蔑地说难听话。

你能想象会有人买他们的东西吗？这样的销售态度只会让人感到厌烦。但街边还是有很多这样的人在推销产品。这也就是为什么，有的销售人员开豪车、住别墅，而有的销售人员却只能解决温饱。

销售人员在推销产品的时候，除了努力，还要讲求技巧，不能适得其反。在销售过程中，最需要避免的失误应该就是强行推销了。你一定要记得，你是要满足客户需求的，是在帮助他们，而不是强行把东西卖给他们。那么，在销售过程中，怎样才能避免强行买卖的行为呢？

1. 以客户的意愿为主

每个客户的性格都不同。有的人可能比较随和，很容易认同别人的观点；有的人会比较自信，坚持自己的想法。销售在遇见不同的客户时，要采取不同的交流方式，但不管怎样都要以客户的意愿为前提，然后再给出更合理的建议。简言之，在尽到告知义务的前提下，你应该尽可能尊重客户的选择。

2. 实事求是比蓄意吹捧更有效

就像上文中提到的我买衣服时遇见的这种情况，正确的做法是，店员应该基于客户的喜好，另行给客户推荐合适的产品。优秀的店员会这么告诉客户："实在是抱歉呢，这款衣服目前还没有适合您的尺码。这款衣服的版型偏小，您的身材比较高大。不过咱们店里有另外一款西服，与刚刚您试穿的这个款式和材质相似，是专门为您这种高大身形的客户设计的，我帮您拿过来试试，您看可以吗？"你看，这样一来，客户虽然会感到些许遗憾，但还是会尝试你推荐的商品。

3. 给客户思考的空间

销售人员通常喜欢抓住一切时机说话，因为他们需要说服对方，希望客户更多地了解产品的优势，或者想控制局面以免冷场。尤其是当客户已经有意愿购买产品的时候，销售生怕客户反悔，会一直不停地讲购买产品的好处。但这种行为可能会让销售失去这个客户。因为每个人都有自己的意识，客户购买产品时候也是一样的。他从有购买意向，到决定下单之间，是需要一个思考过程的。下单这个决定，是属于他的自主决策权。如果被人一直催促，客户会觉得自己失去了这种决策权，心里会生出厌恶感。这种感觉对成交非常不利。

4. 进退有度

任何销售人员都想要卖出去更多的产品，但这并不代表对每位客户都要强行推荐。当你明显感受到客户的不耐烦或者抗拒时，要懂得退让。这次无法说服客户，那就下次努力。千万不要步步紧逼，否则会让你彻底失去这位客户，而你也会被他们打上"强买强卖"的标签。

人们不排斥购物，但讨厌被强制推销，更讨厌那些试图控制自己的销售行为。购物的时候，人们更愿意从真诚、有能力、尊重他们选择权的销售那里购买。没有人不希望自己的想法和行为得到别人的认可，更没有人不希望自己被尊重。你要时刻牢记这一点。

在客户感兴趣的点上"做文章"

相信很多销售都有这样的体会：自己明明已经将产品的优势、性能讲得非常清楚了，客户也没有什么疑问，但就是不下单，总是用一些不着边际的借口来推脱。这是为什么呢？出现这种情况，大多数是因为你介绍的点，并不在客户的兴趣点上。换句话说，你说的那些，客户根本不感兴趣。

与客户交流时，销售人员并不是一味地输出信息，而是需要在交流中去揣测和观察客户，从客户的反应中找到他感兴趣的地方。每个人感兴趣的点不一样，但是一般客户不会刻意隐藏自己的兴趣。如果你的谈话内容在客户的兴趣点上，他是非常愿意和你进行交流的。而良好的沟通，对成功的销售至关重要。

赵强是一位优秀的汽车销售。有一天，在店里他注意到一位看起来性格有些冷淡的客户正在独自看车。赵强很是纳闷，就问同事："为什么没有人陪他看车呀？"

同事回答道："我们刚刚有人上前为他服务，但是都被他冷言拒绝了。他说想自己看看，不需要有人陪他。"

赵强点了点头，仔细观察了一下这位客户，然后想了一下，走上前开口说道："先生，下午好！如果我没看错的话，您戴的这块手表，是劳力士的'探险家'吧？真好看啊。"

这位客户听了赵强的话，愣了一下神，似乎对他的话感到很意外，随即脸上闪过一丝窃喜和自豪，连忙回答道："对的，这块手表就是'探险家'，劳力士的经典手表。"

听完客户的话，赵强赶紧露出羡慕和欣赏的眼神："我虽然买不起劳力士手表，但我还是有点小研究。谁不喜欢好东西呢？您这款'探险家'手表可是劳力士里非常经典的，精致又简约。"

赵强的话似乎一下子打开了客户的话匣子，客户高兴地说："对呀，我也觉得这款劳力士既经典又低调，而且功能也不复杂，很简约的设计。当然，除了'探险家'系列，我还特别喜欢劳力士的'黑水鬼'，你觉得那款怎么样？"

"'黑水鬼'也很棒啊，经典中的经典……"赵强和客户就着手表的话题聊了起来，很快就拉近了和客户之间的距离。在沟通过程中，赵强感觉出客户有比较好的经济条件，偏好那些经典简约风格的商品。聊着聊着，赵强将话题转到汽车上，并为客户推荐了一款适合他偏好的汽车。

这位客户很高兴，不仅爽快地买了这辆价值不菲的车，而且还和赵强互留了电话。

其实赵强的成功之处，就在于准确找到了客户的兴趣所在，并且在这个话题上和客户展开了愉快的交流，拉近了和客户之间的距离。与此同时，通过沟通，找到了客户的购买偏好，形成了较为精准的销售。

1. 提前做好"功课"

优秀的销售在拜访客户之前，都应该会提前做好"功课"。功课的内容包括：客户的个人信息、经济状况、家庭状况、爱好、特长等。能查询到的信息，都应该尽量收集到。因为这些信息，能够帮助你判断客户的兴趣点，以便在与客户沟通的过程中进行确认。

2. 从"外形"来找到兴趣点

一个人的外形，总是会透露出一些信息。比如喜欢时尚的人，衣着会更前卫，服饰的颜色也往往比较鲜艳；喜欢个性的人，则会穿一些设计独特的服饰；喜欢安静的人，则经常会以冷色系服饰为主。当客户出现在你面前的时候，你可以根据他的"外形"，来判断他的喜好。

3. 通过"提问"判断兴趣点

如果在接触客户之前对客户的信息一无所知，那么可以在与客户的聊天中，通过提问的方式来寻找客户的兴趣点。如果你是一个服装销售人员，可以直接问客户："您想要购买什么风格的衣服呢？"也可以含蓄地拿出不同款式的衣服，询问客户喜欢哪一种。通过有效提问，想办法让客户说出自己的兴趣点。

4. 通过声音来寻找突破口

电话销售人员该如何判断客户的兴趣点呢？一个人的兴趣、爱好，往往会通过他的话语表现出来。当你通过电话与客户沟通的时候，要能够敏锐地捕捉到有用的信息。客户的声音是你能够最先捕捉到的信息，你可以通过客户的声音来引出话题。如果是沙哑的嗓音，适时地关心客户身体；如果客户的嗓音甜美、悦耳，要毫不吝啬地赞美，猜测其是不是播音主持或者配音演员。总之，尝试从声音入手展开话题，让对方愿意拿出时间与你讲话，从而有机会在接下来的沟通中找到客户的兴趣点。

每个客户都有自己的欲望与兴趣点，销售人员如果能挖掘出客户的某个或多个兴趣点，无疑会给成功的销售找到一把黄金钥匙。当然，找到客户的兴趣点，只是拉近客户关系的一个突破口。该如何通过这个突破口来达到销售的目的，还需要销售人员的进一步努力。

第四章

沟通心理，
客户喜欢你这样说

Chapter 4

你其实不懂销售心理学

销售过程中，沟通是非常重要的环节。在这一过程中，销售人员需要利用各种技巧或者方法来说服客户成交。显然，在两个人的沟通交流过程中，让对方愉悦、心动的谈话内容，对于成交非常有利。因此，销售人员在与客户沟通的时候，要尽可能地让客户感到舒适、愉快，用客户喜欢听的沟通方式去说。

第四章
沟通心理，客户喜欢你这样说

Chapter 4

如何说，客户才会喜欢听

你可能会发现，会说话的人，人缘往往都比较好，身边的人也更乐意与这样的人交往。对销售人员来说，会说话，当然是一项非常重要的技能。因为从某种意义上来说，销售其实就是一种关于说服的艺术。

当客户被说服时，交易自然也就会成功。如果你发现自己说了半天，但是客户却完全不懂你在讲什么的时候，就需要自我反省一下："我的说话方式是不是有问题？"

虽然几乎人人都能说话，但"会说话"，并没有那么简单。

有一次，我的公司搬了新的地址，想要安装宽带网络。于是，我找到了一家公司，打电话过去咨询。

接电话的是一个小伙子，在简单听了我想装宽带的需求后，很确定地说："你们公司装个 ADSL 就行了，什么时候帮您上门安装？"

这个 ADSL 是啥东西？说实话，我真不知道。于是，我试探性地问："ADSL 是什么？上网速度有多快呢？"

小伙子听了我的问题之后，好像也很不理解似的说："您需要特别快的速度么？那可以安装 VDSL，或者直接装个 FTTH。看您的预算是多少？"

这下子，我彻底被他搞蒙了。显然，他并没有搞明白我想知道的答案，而是"丢给"我一堆字母，然后就想让我做出购买决定。

我之所以那么问，其实是在含蓄地提醒他，我听不懂他在说什么。但是我不可能直白地跟他说"对于这些，我一窍不通，完全没有听懂"。所以，我很无奈地说："哦，好吧，我考虑一下吧，有需要再联系你。"

对于小伙子来说，这些专业的字母对他来说可能非常容易理解。但是他要知道，电话对面是一个外行人。他用这些专业的通信术语，根本没办法让我明白那是什么东西，到底适不适合我的公司。

这种感觉非常不好，就像自己的智商非常低下一样。我当然不会开口表露出自己是个傻瓜，所以最好的方式就是不和他合作。因为即使我购买了他的产品，将来维护也需要和这样的人沟通。

显然，这是一个反面案例，小伙子并没有注意到自己的说话方式，用了自认为很正常的语言习惯，"成功"地将客户推出门。而真正会说的销售，能够准确地抓住对方的心理，从客户的心理着手，达到成功销售的目的。不过，会说话并不等于伶牙俐齿，有一些销售特别能说，但是业绩却并不好。那么，如何才能够让客户喜欢听你说话，并且达成交易呢？

1. 说话要注重礼仪

与客户第一次见面的时候，寒暄是必不可少的。简单的寒暄能够让彼此陌生的人增加一点亲近感；有了亲近感，你就更容易获得说服对方的机会。而寒暄也不是随随便便开口的。对客户来说，你是陌生人，所以开口寒暄一定要注意礼仪，否则客户不仅不会对你产生好感，甚至还会心生警惕、敌意、防备。而对于有礼貌的人，我们天然会有好感。注重礼仪的寒暄会给客户留下非常好的第一印象,也会为接下来的交流打下很好的基础。

2. 说话注意场合和对象

针对不同的场合和客户,要有不同的说话方式。任何人在任何场合说话,都有自己的特定身份,这种身份就是自己当时的"角色位置"。我们在跟客户交流的时候,一定要考虑到客户所处的位置、他的经济条件、对产品的主要诉求、可能出现的心理状态等各方面因素,保证说话得体、客户爱听,不能用一套话术来对付所有人。

3. 思路清晰,表达准确

客户是不会浪费太多的时间给那些根本不知道在说什么的销售的。因此,在与客户沟通的时候,你应该思路清晰、充满条理,在语言表达上要更准确。语言是思维的外在体现,这样不仅能够凸显出你的专业,还能够更高效地沟通,避免客户因为嫌浪费时间而不肯给你继续表达的机会。

4. 说话幽默、易懂

没有人喜欢那种机械、生硬的谈话方式,因为这很容易让人无法集中注意力。相反,一个幽默风趣的谈话氛围,能够让倾听者放松警惕。想要引起客户的注意力,销售人员的说话方式应该更幽默、风趣。另外,谈话的内容如果过于晦涩难懂,也会让客户感到烦躁。即使是专业的知识,也应该尽量用更通俗易懂的方式表述出来。

5. 选择客户更感兴趣的话题

与人交流的时候,任何人都希望能够谈论自己感兴趣的话题,客户亦是如此。因此,当你与客户沟通的时候,要注意观察客户的反应。当客户表现出心不在焉或者不耐烦的表情时，说明你的话题他并不感兴趣，你应该适时地转移话题。

6. 懂得赞美

没有人不喜欢听到别人的赞美。因此，当你与客户交流的时候，要懂得适时地赞美客户。对客户的赞美，能够拉近你与客户之间的距离，让客户更愿意与你交流。当然，赞美并不是过分的吹捧奉承，而是让对方感受到你是真诚地欣赏对方。

我们常说"说话是一门艺术"，会说话的人，无形中就能让人感到心理舒适，可以增加对方对你的好感度。这些对销售人员来说，都是非常有利的交流技能。因此，在日常生活中，我们要多学习说话的技巧，这样才能够提升成交率。

倾听客户的需求和潜在需求

作为销售人员，所面对的客户群体之间有很大差异。这些客户对于产品的需求，当然也有所不同。当你面对陌生的客户时，能不能抓住客户的需求及潜在需求，是能否成交的关键。

现实中，真正优秀的销售，并不一定说很多，但他们却非常了解客户的需求和喜好，并恰如其分地为客户提供他们所需要的商品或者服务。正如那句流传甚广的话所说，上天创造人类的时候，给了我们每个人两只张开的耳朵和一张闭着的嘴巴，为的就是让我们多听。

一家服装店早上刚开门，就迎来了一位怒气冲冲的客户。这位客户一进来，就径直走向一位店员，毫不客气地说："我前些天在你们这里买了一件外套，但是这衣服会褪色，把我的其他衣服都染坏了，我要退货。"

店员听了他的话，直接反驳道："先生，您说的这事儿不可能！我们的衣服都卖出去几千件了，还没有出现过这种情况。"

客户听了店员的回复，本来还在努力压制的怒气，一下子就上来了。他与店员争论道："可是我买的这件就是掉色，还把我别的衣服染上颜色了。我大老远跑过来就是为了骗你？你今天必须给我退了，否则我就去投诉你们。"在他们争论的时候，又来了一位店员加入争论，场面变得十分混乱，甚至出现了谩骂声。

这时候，店里的经理被人喊过来。他来到客户面前，先给客户道歉，然后请客户坐下，并给客户倒了一杯饮料。然后，他才对客户说："先生，您先不要着急。首先我答应您，有问题一定会给您解决，这点您放心。不过，您能先跟我讲讲衣服的问题吗？"

客户听了这位经理的话，刚刚的火气消了不少。他喝了一口饮料，尝试着深呼一口气，平复了一下自己的情绪，说道："我买的这件黑色的衣服，回去想着先洗一下再穿。但是洗的时候，我把它和白色的衬衣放在一起洗了，结果我的衬衣染成了黑色。"客户除了说了衣服的掉色问题外，还投诉了店员态度差，诬陷他故意找碴儿。

经理听了他的话，已经知道问题出在哪里了。他对客户说："先生，您说的问题我知道了，给您带来麻烦实在是抱歉。请您容许我解释一下。您买的那件外套，在设计的时候，设计师在综合了时尚感、舒适度以及质感的情况下，选择了这种材质的面料。但弊端就是首次清洗的时候，会少量掉色。也正因为如此，这件衣服的吊牌上，有'需要单独洗涤'的特别提示。"

客户听完之后，有点尴尬地说道："回家之后我就把吊牌拆了，没看到这个注意事项。但是我买的时候，没有人告诉我需要单独清洗呀。反正是你们的责任。"

经理微笑着看着客户说:"这点确实是我们的失职。您看这样可以吗?您把衣服带回去试穿一周,如果还是觉得衣服不好,我给您免费退换。另外,您的衬衫染成了黑色,可能需要换一件,为了给您补偿,店里的基础款衬衣,半价给您,您看可以吗?"

要知道这家店里的衣服从来不打折,现在竟然可以半价卖给客户一件衬衣。客户想了想说:"那好吧,我就去选一件衬衣。这件衣服我也带回去试穿一下。"

在客户结账的时候,刚刚与他争执的那位店员,也真诚地向他道歉,并获得了他的原谅。一周之后,客户没有再回来退衣服。而且客户在几周后,又再次光顾了这家店。

面对怒气冲冲的客户,经理没有像其他人一样和他争辩,而是让客户将自己的怒气和不满,一股脑地说出来。从这些话中,经理找到了客户生气的原因,同时也想好了解决方案。处理的结果可谓是完美,不仅让客户又买了一件产品,还让客户重新产生信任感,留住了一位顾客的心。你也想要拥有这位经理的能力吗?可以试试下面的方法。

1. 暂时"忘掉"自己

与客户交流时,你要做的并不是滔滔不绝地说话,这种试图通过语言轰炸在尽可能短的时间里向客户灌输你的思想的做法,很容易让客户厌烦并且拒绝你。很多时候,倾听也是很重要的技巧。在客户发表言论的时候,不要随便插话,让客户尽情诉说,你才能真正了解他的需求。而且,一旦你打断客户的话,会让他们感到不快,不再愿意与你继续沟通。

2. 做到"有效"地倾听

听别人说话的时候,要真的会听。能够真正地用心去听,而不是听了半天都还不知道客户说的是什么。表面上看似平静地听，但实际上没有专心聆听的行为，并不能带来任何益处。只有你用心听了，才能了解更多关于客户的信息。也只有这样，才能更好地抓住对方言语的重点。

3. 从倾听中，听出"弦外之音"

有时候，客户并不会明确地表达出自己的想法，这就需要销售人员自己去获取。在听客户说话的时候，你的大脑要快速分析客户话语中所暗含的信息，然后整理出关键点，从中得到你真正需要的准确信息。

4. 适时地提问

如果在两个人的交流中，只有一个人一直说，那么气氛会相当尴尬。优秀的销售会在客户说话的过程中，适时地给予回应，并且提出一些问题，来增强交流的融洽度与流畅度。通过巧妙的提问，还可以探寻到客户深层次的真正需求，并且引导话题朝着对自己有利的方向发展。

总而言之，不管你对自己说服别人的能力多么自信，哪怕你相信只要客户肯让你开口你就可以拿下订单，也要给客户表达的机会。如果对方有表达的需求，一定要耐心、完整地倾听对方的话，做到不抢话，更不拦话。即使你有想要纠正的地方，也要等对方把话说完了。否则，你不仅可能误解对方的真正诉求，还可能因为过于强势而失去对方的好感与订单。

通过询问"诱导"客户做出选择

与人交流的过程中，问与答可以说是获取资讯最重要的方式了。对于销售来说，向客户提问当然也是非常重要的沟通方式。询问可以帮你更好地了解客户的所思所想，并且让对方顺着你的思路来思考问题，从而达成你的销售愿望。当然，这需要你巧妙地询问。

安迪就是这样一位懂得用询问"引诱"客户成交的销售。他是一名别墅房产销售人员，有一个客户，希望能买一栋住起来舒适的房子。安迪跟客户交流了几次，充分了解了客户的喜好以及预算之后，花了半个月的时间，终于找到一套符合这位客户期望的房子。

当他带着客户去看房子的时候，事实证明，客户确实对这栋房子非常满意。因为在他们看房子的那一天，客户和他家人的脸上有着难以掩饰的惊喜。不论是房子的建筑风格还是房间的格局，甚至车库和草坪都让客户感到满意。

客户看完整栋房子之后，开心地说："这栋房子真的是太漂亮了，简直是为我专门建造的，我真的是太喜欢了。"

听到客户的话，安迪当然也很高兴，没有什么比客户满意更重要。但现在有个问题，就是这栋房子的售价，要比客户的预算高出100万元。这一点，他必须要告诉客户。

于是，安迪微笑地对客户说："您能喜欢真是太好了，您等了这么久是值得的。只要您愿意，在这份合同上签上字，这栋房子就是您的了。不过，先生，在您签字之前，我必须要告诉您一件事情，就是这栋房子的价格比您的预算高出100万。"

客户听了他的话，脸上兴奋的表情慢慢地消失了。他陷入思考，且表情变得非常平静。客户的这一变化，当然没有逃过安迪的眼睛。他对着沉默的客户提问道："先生，我记得您说买房子是为了在这个城市安定下来，对吗？您现在才35岁，我想，至少您也要在这里再住上30年对吧？"

客户点点头，说："我想30年应该不止，我希望可以在这里安度晚年。"

安迪接着问："那您觉得这栋房子周围的环境、交通及生活条件还可以吗？房子会有升值空间吗？"

客户想了一下回答道："这里的环境、交通及生活条件都非常好，尤其是不远处那座公园建成之后，房子的升值空间会比较大。"

安迪接着又问："那再冒昧地问您一下，您现在租住的房子，每年需要交纳多少租金呢？"

客户想都没想，回答道："将近 10 万元。"

说完这句话之后，客户笑了。他朝安迪的肩膀拍了拍，说道："兄弟，你是想要告诉我，我只需要再花十年的租金，就可以自此之后就住在这栋我喜爱的漂亮房子里了，是吗？而且还可以享受到价值增长。"

安迪冲着客户竖了一个大拇指，夸赞道："您不愧是聪明的 IT 人士，很快就把这笔账算好了。"

客户没有再过多犹豫，当天就在合同上签了字。

安迪在与客户的交流过程中，并没有选择直接告诉客户自己心中已有的想法，而是通过提问的方式，让客户自己意识到：虽然现在多花 100 万元，但拥有这栋房子之后带给他的各种价值，远远大于这笔钱。安迪就是通过提问的方式，成功"诱导"客户做出了选择。

销售人员与客户的交流时间往往是有限的。在这有限的交流过程中，我们也许只有提出一个问题的机会，所以向客户提出的问题，应该切中实质、有的放矢，带有强烈的目的性和针对性。否则，漫无目的地提问，只能浪费彼此的时间，让客户远离你。那么，如何才能用提问"诱导"客户呢？

1. 提前准备好方案

任何优秀的销售，都不会打无准备的仗。销售在与客户见面之前，需要做好功课，制定出一套具体的提问方案。把需要提问的问题排列好顺序，通过一个个问题，一步步地朝着自己的最终目的引导。对于那些随时都可能面对陌生客户的销售人员，应该针对不同的客户类型，提前制订几套提问方案。当你真正和客户交流的时候，在此基础上灵活运用。

2. 巧用封闭性的问题

所谓封闭性问题，是与开放性问题相对而言的。我们通常使用的封闭性问题是给客户做选择题，而不是问答题。比如，在与客户的交谈过程中，可以将"您什么时间有空"，换成"您今天下午三点有空，还是五点有空呢？"不管客户选择哪一个时间，对你来说都是有利的。但是第一种问法得到的答案，往往是"我没空"。

3. 采用诱导式提问

提问的方式有很多种，诱导式的提问技巧在于，引导客户，让其答案符合销售人员预期的或想要的目的，在此基础上一步步说服对方。一般情况下，销售人员会先向客户提出一些相关的问题，将客户引到所需解决的问题上，并通过客户自己的回答，让他们自己得出你想要的结论。

4. 探索式的提问

有时候，销售人员不太能摸清楚客户的态度。这时候，可以通过探索式的提问来帮助自己确认客户的态度，比如，"您是怎么想的？""您的看法是？""您认为我们的产品怎么样？"等等。只要客户进一步回答你，就能察觉到客户的态度。之后你就可以根据客户的态度，做出更好的引导。

需要注意的是，当销售人员向客户提出问题之后，要耐心等待客户给出答案，不要因为害怕答案和自己预想的不一样而轻易改变话题。如果客户沉默不语，可以想办法鼓励客户说出自己心中的想法。你只有想办法让客户愿意把自己和产品建立起联系，才能成功交易。

像朋友一样，站在对方立场去表达

每个人都是一个独立的个体，拥有自己的思想。所以，对于跟自己不同的意见，我们总是会很难接受。尤其是那些直接反驳的意见，更是会激起内心的逆反心理。因此，如果想要说服对方改变主意，不要一味站在自己的立场上去分析问题，而是试着把自己当作对方的朋友，站在他的立场上思考问题，然后再决定说什么话。如果能这样做，你可能会收到意想不到的效果。

著名人际关系学大师卡耐基，经常开展线下授课。有一次，他在纽约租用了一家饭店的一个大礼堂。但是在他将所有的事情，包括开课地点都公布出去之后，突然接到饭店的通知：他租用的那个礼堂，需要涨价三倍，否则他将无法使用。卡耐基询问过之后知道，原来是另有人愿意花高价租用那里，想在那里举办宴会。

卡耐基决定去找经理谈判。他敲开门，礼貌地向经理问好，然后直接说："经理先生，我接到通知的时候非常惊讶。不过，我能理解您。如果是我，可能也会这么做。毕竟作为饭店的经理，你必须要尽可能地让饭店的利润最大化。"

经理没想到他会这么说，脸上露出了一丝惊讶，说道："谢谢您的理解。"

卡耐基接着说："不过，先生，我为您算一笔账。您听完之后再决定是否涨价。"说完，他没有等经理回答，就接着说："您一下子涨了租金，我一定会因为付不起而不租。这样我刚刚做好的那些安排，就需要更改。您也知道，我的这场课有两千人来听。他们都是中层高级管理人才。他们一定会知道因为酒店的不诚信，导致场地出问题。这对于你们来说，无形中做了一个非常负面的广告。您虽然这次用高于三倍的价格将礼堂租出去了，但会失去两千名潜在客户。相反，如果我在这里开课，这些学员将都会知道你们这家饭店，并在这里品尝午餐。如果他们喜欢你们的饭菜，以后还会经常光顾。您不需要花一分广告费，就可以让他们成为你们饭店的长期客户。您觉得哪一种做法更有利呢？"经理听了他的话，沉思了一下，决定按照原来的租金继续租给他。

卡耐基在听了要涨租金的消息之后，并没有先去质问经理为什么不守信用，而是站在了他的立场上首先表示理解，然后再从长远利益这个角度，分析失去他这个客户的利弊，最终赢得了这场谈判。

同理，销售人员在和客户交流的过程中，也要站在客户的角度去思考。像朋友一样，设身处地为客户着想，知道客户真正需要的是什么。只有这样，才能为客户提供最适合的产品和服务。要做到这些并不难，你可以从下面几点入手去做。

1. 站在对方立场去思考

如果你心里想的只是能快点与客户成交，往往会失去客户，因为对方并不着急与你达成交易。想要客户买单，必须要知道客户内心的真实想法。这就需要你站在对方的立场上去思考，然后找到客户真正需要解决的问题，并且像朋友一样真诚地给出对他有利的建议。

2. 站在对方立场上出谋划策

找到问题之后，还要继续站在对方的立场上出谋划策。只有你真心实意地帮客户解决了问题，才能让客户感受到你的真诚。人与人的交往过程中随时会有反馈，你对客户真诚，客户往往也会以真诚来回报你。而与真诚的人做生意，是每个人都不会太排斥的事情。

3. 遇到问题，及时跟进

在每一笔交易真正完成之前，你可能根本想象不到会出现什么意外。遇到问题的时候，也要充满真诚与善意地站在对方的角度看问题，并给出解决方案。比如，有时候在客户下单之后可能会出现缺货，这时你一定要先确定具体的到货时间，并立即主动联系客户。告知客户情况，向客户表达歉意，并提出给予一定补偿的方案。这时候，很多客户都会表示理解，毕竟你在第一时间就来联系了。如果等到客户自己打电话催问的时候，情况就会变得非常糟糕，很可能会导致退单的情况。

4. 抓住重点，不做无效回答

当客户对你进行提问的时候，一定不要答非所问。你要抓住客户提问的重点，并站在他的角度去回答这个问题。这一方面需要你能够分辨弦外之音以及从一大段话中找出关键点，另一方面也需要你有较强的专业素养，能够回答出客户的问题，而不是尴尬地用"采用的是先进工艺技术"等空洞的话语敷衍。这种无效的交流，是很难达成交易的。

汽车大王福特说过：假如有什么成功秘密的话，就是设身处地地站在对方的立场上去倾听，了解别人的态度和观点。事情就是这样，如果你能够做到凡事都站在客户的立场上想问题，那么，你的销售业绩也会给你带来意外的惊喜。

像顾问一样，及时做出专业的回应

销售看上去似乎是一个靠嘴吃饭的职业，但如果你真的这么认为，那可能是一个不太合格的销售。真正厉害并且持久的销售，靠的绝不仅仅是高明的语言技巧，而是拥有良好的专业素养。他们能够像顾问一样，给客户非常专业的服务。也正是这些专业的知识和技能，让他们有说话的底气和信心。

尤其是在网络发达的今天，同类产品的价格处于透明状态，关于产品的质地、款式、性能等，大家都可以借助搜索引擎迅速了解，销售人员无法再像之前一样拿一些大家不太懂的名词术语煞有介事地介绍。所以这时候，过硬的专业知识以及良好的服务态度，能够使销售人员在众多销售者中脱颖而出。

这里所说的"专业"，首先是对产品的性能、材质、设计理念以及产品定位等方面，有全面的了解。其次，还要对竞品有深入的分析，了解同类产品的市场行情以及优缺点。

比如，护肤品行业的销售，在上岗前，都会有专业的培训。培训的内容除了关于产品的知识之外，还会培训他们一些专业的肤质判断、护肤手法以及皮肤问题的紧急处理等内容。这些培训，为的是让销售在面对客户的时候，能够更专业地为客户推荐产品。

因此，当你选购护肤品的时候，如果遇见一个不问你肤质就推荐产品的销售，一定不要理会他。这种销售的做法，是非常不专业且不负责任的。

很多人认为卖衣服是一件非常容易的事情。但事实上，同一个服装店中，不同销售人员的业绩常常有着很大区别。同样的环境、产品、客户群，有的人可以很轻松地卖出去，有的人却一件也卖不出去。

为什么会这样呢？这跟销售人员自身的专业度有关。卖衣服也需要专业吗？那当然！每个人的身材、气质、肤色都有所不同，所以同一套搭配，并不适合所有人。销售人员在给客户推荐衣服的时候，必须根据客户的实际情况，推荐适合他们的衣服。为此，首先要熟知各种身材、体型的比例，当看到客户本人的时候，能够很快地确定他的身材类型；其次，要懂得颜色的搭配；另外，还要懂得扬长避短，突出客户的优势，遮盖身材上的劣势。

有句话叫"人靠衣服，马靠鞍"，客户买衣服，通常是为了提升自己的外在形象。因此，在为客户挑选衣服的时候，专业的销售搭配出的衣服，总能让客户眼前一亮，爱不释手。这样的销售人员，成交率也自然会高。

各行各业都是这样，都有自己的专业知识与学问，而客户都喜欢和专业的人打交道。那些专业的人，甚至能发现连客户自己都不曾发现的自身优点。那么，如何才能让客户觉得你很专业，想和你多说话呢？

1. 形象得体

一个人的穿着打扮，能够直观地反映出这个人的性格与素养。外在形象是两个陌生人见面之后的第一印象，这种印象早于开口说话。所以，销售人员应该不管在什么场合，都要着装得体，这会给客户留下良好的第一印象。但如果你穿着短裤、拖鞋去和客户交谈，只会让客户觉得这个人太随意、不可靠，从而觉得你的产品可能也是这样。

2. 语言要专业

每个行业都会有其对应的行业术语，任何时候，与专业的人打交道都会更让人放心。所以，面对客户的时候，说话也要更专业一些。作为一名专业的销售人员，当客户用专业术语询问你产品方面的问题时，应该能够听懂，并对答如流。而你向客户介绍产品时，不要忽视专业术语的作用，这能够增加客户对你的信任度。如果有些过于专业的内容客户听不懂，你可以再次用通俗易懂的话进行解释。

3. 用数据说话

单凭你一张嘴使劲地夸自己的产品有多好多好，是非常没有说服力的。十个销售有十个都会夸自己的产品好，客户凭什么相信你说的话呢？这时候，如果你能拿出实验数据、销售数据或者好评数据等可以证明产品品质的东西展示给客户，能够瞬间提高产品的可信度。

4. 业务流程要专业

销售是一个买卖双方交易的过程，中间可能会牵扯到下单、签合同、预付定金、供货、结尾款等很多细节的问题。通常每个行业都会有一套完整的流程来保障这些细节的实施。专业的销售，在走流程的时候也会非常专业。这样做不仅可以让客户更安心，还能够增加客户对你的专业度评价。

最后，销售是一个需要不断学习的职业，新品的不断涌现以及客户需求的飞速变化，都需要销售人员不断地学习，以保证自己始终都是专业的。

突出"效果"，才能提高"转化率"

人们买东西，最怕的是买回去之后发现并不符合自己的要求，以至于产品闲置浪费。如果能让客户提前看到产品的效果，或者亲自体验一下产品的性能，会大大地提高客户对产品的认可度。如果是真正有需求的客户，只要符合自己的预期，成交率会非常高。

所以，我们经常会在超市看到有一些"试吃"的活动，促销员会将商品分成小份儿供客户品尝。那些走过去品尝过的人，很多也都会买走一件。

为什么品尝的人购买产品的概率比较大呢？客户既然愿意去品尝，说明对这个食品是比较感兴趣的。如果品尝之后，口味是自己喜欢的，那么就更有购买的理由了。这就是一种突出产品"效果"的促销方式。服装店的店员往往深谙此道，所以他们经常会极力鼓励你穿上衣服试一试。

一个穿着时尚的女孩走进一家潮牌服装店，她仔细地观察了一圈店里的衣服之后，将目光落在一件新款上衣上。这时候，一旁的销售抓住时机走上前，对她说："美女，您的眼光是真不错，您看上的这款是今年的走秀新款，刚上市不到一周。"

然后，这位店员询问了一下女孩的尺码，为其拿出一件适合的衣服。在女孩仔细翻看衣服的时候，她在一边仔细地将这款服装的面料、做工、样式等，都为女孩讲解了一遍。最后她说："这件衣服的设计理念是：突出自我，自由自在。我觉得非常符合您的气质，您可以上身试一下。"

女孩听了她的话，点点头，说道："那我就去试一下。"

店员的判断果然没错，女孩从试衣间出来，这件衣服穿在她身上真的是再合适不过了。她那漂染过的多种发色，与上衣的色彩完美地融合起来，再搭配上她的黑色紧身裤和马丁靴，简直酷极了。

显然，女孩对镜子中的自己非常满意，销售人员不失时机地由衷赞叹，这让女孩感觉非常好。她开心地问销售："这件衣服多少钱呢？"

店员微笑着对她说："这件衣服是599元，由于是走秀款，所以也是限量版，能买到就是赚到呢。"

女孩显然没有预想到价格会这么高，轻轻地咕哝了一句："真的会有很多人买这件衣服吗？"

这句话虽然很轻，但还是被店员听到了。店员再次微笑道："说实话，这件衣服比较挑人，能像您穿上之后这么合适的人并不多。不过，会有一些品牌的老粉丝，哪怕自己穿上不合适，也会买回去留作纪念，毕竟是限量版。"

女孩听了她的话，下定决心似的说："这个价格确实不低呢。你能给我点折扣吗？"

店员面露难色地说道："实在是抱歉，价格方面我实在是没有打折的权限。您看这样可以吗？既然您和这件衣服这么有缘，我申请送您一顶帽子如何？搭配这件衣服会更好看。"

女孩听了她的话，高兴地点点头，说："好的，谢谢你，那就麻烦你帮我结账吧！"

显然，一开始女孩觉得价格超出自己的预期，但是又非常喜欢这件衣服。在她犹豫的时候，店员通过赞美以及让女孩试穿，来促使女孩下定决心购买产品。

食物可以试吃，护肤品可以试用，服饰可以试穿，汽车可以试驾，很多产品都是可以让客户亲自去感受的。销售人员要善于突出产品的"效果"，让客户下定决心留住这种效果，这样才能增加自己的客户转化率。具体来说，你可以考虑下面这些方法。

1. 购买前先试用产品

很多销售会遇见这样的情况：明明交流的过程很顺畅，客户也有强烈的购买意向，但就是迟迟不肯下单。这时候，不妨让客户去亲身体验一下产品。让客户通过试用产品，直观地感受产品的效果，从而促使其下定购买决心。

2. 通过视频展示产品

只是通过语言向客户介绍产品，会显得比较抽象，客户无法直观感受。如果条件允许，可以在给客户介绍产品的时候，将产品的功效直接展示给客户,方便客户更好地理解其性能。如果是无法现场展示的产品,可以通过播放视频的方式展示给客户。展示产品用途的目的,是为了能够加深客户对产品的印象,让客户有代入感,从而更愿意拥有这件产品。

3. 采用比较法,突出产品效果

很多护肤品的销售页面,都会有一个效果对比图,通过客户使用产品的前后变化来突出产品的效果。销售人员在销售功效性产品的时候,可以收集一些老客户的使用体验,将这些内容做成一个合集。在面对新用户的时候,就可以拿出来展示。如果能有一些知名人士的推荐,那就再好不过了。

4. 货比三家,凸显产品优势

客户在购买产品的时候,通常会有一种"货比三家"不吃亏的心理。聪明的销售人员通常会利用客户的这一心理,选择同价位、不同品牌的几种产品与自己的产品比较,凸显产品的优势。这样的对比方法,很容易让客户下单。

一个愿意花时间听你分享产品效果的客户,大多数情况下都是你的潜在客户。如果压根对产品不感兴趣的人,是不会愿意花时间在你身上的。所以,当对方愿意听你说话的时候,赶紧抓住机会突出产品的效果吧,这样你就离成交非常近了。

促销的技巧,让客户在短时间内做出决定

促销是商家为了吸引客户而采用的一种营销手段,销售人员在推销产品的过程中,应该好好地利用正在进行的各种促销活动,引导客户在短时

间内迅速下单。

而日常生活中，大多数客户都属于促销型客户。何谓促销型客户？就是这些客户没有什么品牌忠诚度，同类产品只要价格更实惠，就会选择性价比更高的产品。换句话说，同类产品，哪一个品牌在搞促销，他们就会去买哪个品牌。

然而大家也能看到，现在各种促销活动可谓到了泛滥的程度。商家会寻找各种噱头来为产品做促销活动；而且，为了凸显促销力度，往往提前会把价格定得比较高，以达到"骨折"级的优惠。这也就让客户对促销并没有太大"占便宜"的感觉。所以，想要通过促销吸引客户，必须要真的让客户觉得有便宜可占。

有一家超市，离居民区有点远，所以日常的客流量也不大，营业额一直都不好。后来，店里来了一位新的经理。他在超市附近几个路口转了几天，发现超市虽然位置不是特别好，但是周围的居住小区并不少，基本上步行20分钟就可以到达超市。如果有什么大的优惠活动，还是可以把客户吸引过来的。他想了几天，决定开展一元秒杀的活动。

他安排店里每天拿出5款产品进行秒杀，每种产品每天限量100份，且每个顾客，只能购买一种秒杀产品。这些用来秒杀的产品，都是家庭日常生活中的必需品，比如牙膏、肥皂、洗手液等等。

一开始，店员并不理解，这些商品的价格本身就不高，会有人因为这些一元商品而专门跑来购买吗？经理并没用直接回答他们的疑惑，只是笑着说："你们还是不了解人们的心理。"

果不其然，活动开始那天的一大早，超市还没有开门，门口就排了好长的队伍等待开门。当店员一开门，排队的人就问："你们店里真的有一元秒杀的活动吗？"

店员看着外边的长队，心里别提多高兴了，大声对人群喊道："大家慢慢来，别着急，确实是有一元秒杀的活动，大家不要抢，注意安全。"说完，就将这些人放进超市里。一个小时内，500件一元秒杀产品就被抢空了。而且，当天的营业额直接增加了50%。

为什么一个一元限量秒杀的活动，就能为店铺的营业额带来这么大的增幅呢？原因很简单，以前大家不愿意来是因为有点远，而不是不需要买东西。现在既然来了，就索性将自己需要买的都带走。所以，很少有人真的只买一件一元的商品就离开的。

而且，考虑到附近居民比较多。超市的工作人员，特意将秒杀区安排在蔬果区和食品区之间。就这样，这家超市自从开展了这个活动之后，日营业额平均提高了将近30%。

大多数销售人员都比较了解常用的促销手段，但除了被动接受厂家或者公司为你安排的促销之外，在你自己权限许可的范围内，你也可以多用一些促销技巧，推动客户"冲动"下单。

1. 大力宣扬促销的力度与客户所得的实惠

产品做了促销活动，一定要告诉客户。为了彰显促销的力度，销售人员应该用兴奋或者稍显夸张的语调，将促销信息告诉客户。客户在与销售交流的过程中，也会察言观色。销售人员激动的情绪，能够刺激客户的兴趣以及好奇心，更会让客户觉得有个大便宜在等着自己。

2. 根据客户需要，更换赠品

在安排产品促销活动的时候，为了更方便管理，往往会有一个统一的标准，通常赠送的东西也是一样的。但有些赠品，可能对部分客户来说并没有用，那么这种促销形式对这个客户来说就毫无意义。这时候，可以根据客户的需求，尽量为其提供更具实用性的赠品。客户得到自己想要的

"小便宜",就会更容易下单。

3. 限制促销时间和数量

不少商家大促的时候,经常会采用一种"多买多优惠"的促销方案。类似于"前一个小时,全店所有商品三件5折"以及"前1000件八折"的活动。这种类型的活动,借助于人们贪便宜的心理,能够增加客户下单的紧迫感,为了成为那个能省更多钱的幸运儿,客户会在指定时间内争先恐后下单。

4. 临界价格,视觉错觉

你有没有发现,很多产品价格总是用9.9、19.9、199等数字,很少有整数价格。这实际上是一种"临界价格"。对于商家来说,东西便宜1毛钱或者1块钱,并不会降低多少利润。但是对客户来说,9.9元就是比10元便宜,这是一种视觉及心理上的错觉。于是,很多产品都会采用这种定价促销方式来吸引顾客。

5. 提供优惠券

对于一些需要客户持续性购买的产品或者服务,可以利用赠送优惠券的方式来吸引客户下单。比如,食品类的产品,如果客户购买之后觉得好吃,复购率一般会比较高。这时候销售可以通过赠送优惠券的方式促使客户购买。比如,客户本次购买满100元的产品,就赠送一张10元的优惠券,可用于下次购买。这样可谓双赢,一方面让客户觉得自己占了便宜;另一方面对商家来说,也增加了客户的复购率。

当然,促销的方式比较多,绝不仅仅只有降价一种,你可以根据销售产品的实际情况,选择适合的方式来引导那些处于摇摆状态的客户迅速下单。

第五章

巧用销售法则,提高你的销售效率

Chapter 5

你其实不懂销售心理学

销售的本质是一种人与人之间的社会行为，如果你想提高你的成功率，可以采用一些销售法则。这些销售法有的是来源于心理学，有的是来源于行为学，它们简单有效，被很多销售行业的翘楚使用过，并充分验证了它们的有效性。如果能够熟练掌握这些法则，相信你会发现自己的销售能力有了质的提升。

第五章
巧用销售法则，提高你的销售效率

Chapter 5

首因效应：第一印象决定销售成败

首因效应，是指最初接触到的信息所形成的印象，会对人们之后的行为、活动和评价产生影响。正因为这样，两个陌生人第一次见面给对方留下的第一印象，会迅速地在对方的大脑中占据主导地位。这种首因效应，也叫作优先效应、第一印象作用等，是由美国心理学家洛钦斯提出的。

一些销售心理学家，为了证明"第一印象对于销售的重要性"，做了一个实验。让处于同一水平的多个销售人员，以不同的形象去向同一客户销售同一产品。实验的结果是，那些给客户留下美好印象的销售，与客户进行了愉悦的谈话，并成功地销售出产品。而其他销售人员，客户并没有多加理睬。

销售人员带给客户的第一印象有多重要？我们看看伍德的经历就知道了。小武是一个非常年轻的销售员，他的身上充满了热情和自信，对工作认真、负责，同时还是位留着长发的"时尚潮人"。

小武比同事们都更勤奋，但是一个月下来，他的销售业绩却少得可怜。看到那些并不经常加班的同事们都能拿到厚厚的订单，他苦恼了很长时间，始终想不明白为什么自己的业绩会这么差。无奈之下，他找到了经理，向他请教。

经理听了他的烦恼之后，微微一笑，说道："小武啊，如果你不介意，不妨试着将你的长发换成更清爽干练的造型。一个月之后，你再来找我。"

小武虽然有点摸不着头脑，但他还是听从了经理的建议，下班之后就去理发店，将长发剪去，剪了一个清爽的短发。让他感到神奇的是，接下来的一个月，他的销售业绩迅速飙升，到月底的时候，竟然进入了前三名。

小武不敢相信，自己只是剪了个头发，就能有如此大的变化，他按照约定再次找到经理。经理看着他的销售业绩，笑着说："我们做销售的，给人的第一印象特别重要。你长发的造型，适合去推销一些美发店或者形象设计公司的产品，但是不适合我们这种科技产品。我们的客户多是商务人士，他们希望合作对象更成熟、稳重。而你长发的形象，会让他们觉得不靠谱，所以没人愿意从你这里购买产品。"听完经理的话，小武终于明白自己之前为什么销售业绩会那么差。

确实，给客户留下良好的第一印象，能够让销售工作变得事半功倍。因此，千万不要给客户一个"失败"的第一印象，这会让你失去客户。想要给客户留下良好的第一印象，是需要下点功夫的。做好充分的准备，才能让你在客户面前"闪亮登场"。

1. 你穿的不仅是衣服，还有自信和尊重

我们总是强调，销售人员在见客户的时候，一定要注意穿着打扮。这是因为，客户从你的穿着上，能判断出你是否对这次会面足够尊重。而且，从你的服饰上，还能透露出你是否足够自信。因此，想要成为优秀的销售人员，男性的服饰以稳重专业、简约大方为佳；女性则以表现优雅、给人

柔美的感觉为好。

2. 良好的印象，少不了商业礼仪

商业礼仪在商务往来中的地位非常重要，因为它是一个人内在修养和素质的外在表现。想要给客户留下良好的印象，除了服饰得体，言谈举止还要谦逊有礼。说话语速适中、表情自然、落落大方、使用敬语等。这些事关礼仪的很多细节，都能成功赢得客户的好感。

3. 漂亮的开场白，成功为你加分

初次见面的两个人，除了通过外在形象来给对方打分之外，对方的开场白也很重要。开场白往往是一些与销售行为无关的寒暄话，但是优秀的销售，会以漂亮的开场白成功获得客户的好感。比如，面对女性客户的时候可以说："女士，您今天的气色真是格外好。"或者夸赞她的服饰漂亮。相信我，没有人不喜欢得到别人的称赞。

4. 眼神的交流，当然不能少

当一个人紧张的时候，通常不敢盯着对方的眼睛说话，这是人的本能反应。所以，这也正是作为销售不能表现出的问题。销售经常面对的是陌生的客户，紧张是一定会有的，但这时候需要调整心态。在与客户交流的过程中，眼神的交流很重要。你说话时，用坚定的眼神看客户，客户亦可以从你的眼神中看出你的坚定。当客户说话的时候，你可以流露出欣赏、赞许的眼神，这会让客户感到愉悦。

你给对方的第一印象，通常会在很短时间内就形成了。所以，在见客户之前，一定要做好充分的准备，利用短暂的相处，努力给对方留下良好的第一印象。这将为你接下来的销售工作奠定成功的基础。

二八定律：你的收入来自核心客户

对销售来说，是不是所有的客户都一样重要？是不是面对所有客户，都应该付出同样的努力？可能很多人会不假思索地回答："是！"但事实上，并不是这样。可能你经常会发现有一些客户，不管你多么努力去向他介绍产品，他都无动于衷。

将所有的精力平均分配给每一个客户，几乎是不可能，也是不可取的。正确的做法是，销售应该将有限的精力，主要花费在大客户身上。换句话说，将大部分的精力，花在优质的核心客户身上。客户数量不在多，关键在于质量高。

在很多行业，都有"二八定律"的身影，销售行业也不例外。也就是说：在所有客户中，最重要的只是其中的 20%，剩余的 80% 是次要的。在销售行业，一名销售 80% 的业绩，是来自于手中 20% 的客户。因此，销售人员应该紧紧地抓住这 20% 的核心客户，从而迅速提高自己的业绩。

虽然优质客户是你的业绩来源，但你要如何从自己的众多客户中，筛选出属于自己的那 20% 客户呢？不妨试试下面的方法。

1. 正确定位商品

商品的正确定位，对于销售人员有着非常重要的作用。定位准确，才能匹配与之相符的客户。如果你的商品属于高端产品，那么你的客户消费能力必须要强，住在高档别墅区里的人成为你的客户的概率要大于普通住宅区里的住户；如果你的产品属于网红产品，那么年轻人购买的概率大于中老年人。产品的定位，实际上决定着购买对象。所以，对于产品的定位一定要准确。

2. 分析优质客户的特点

优质的核心客户，往往会有一些共同的特点。一方面，可以从你手中已有的老客户中筛选出范例，然后按照这个标准去寻找新的优质客户。另一方面，可以分析竞争对手手中的优质客户资源，从而得出结论。通过各方面的信息，筛选出对你的产品有需求的客户群体类型，然后朝着这群人"下手"，成功成交的概率会远大于向所有人"撒网"的做法。

3. 越"痛"的客户，越重要

客户的痛点越大，其潜在的需求就越大。因此，去筛选你的客户群，找出存在着大痛点的客户。当客户的痛点越多、越严重，说明他们更急需解决这些问题，对于产品的需求也更急切。这时候，如果你能成功地利用产品解决他们的痛点，他们就会成为你忠实的客户。

4. 快速试错

这个世界上没有一键筛出优质客户的方法，通常需要销售人员自己通过"试错"的方法寻找。比如你去吃自助餐的时候，不可能所有的东西都来一大盘，因为你根本没有那么大的胃口。正确的方式是，先每样来一点点，品尝一下。然后瞄准2～3种喜欢的精品，重点吃。寻找客户也一样，先去接触一遍你的客户，在接触过程中，迅速地筛选出优质的客户。

5. 客户的诚信和忠诚度很重要

我们经常会说，销售人员在面对客户的时候，要讲诚信。其实，反过来客户的诚信，对企业来说也很重要。那些企业的核心客户，往往都是大客户，订单金额也会比较大。这时候，就会有一个回款问题。不诚信的客户，会经常以各种理由拖欠尾款，导致资金无法到位。这些客户的订单虽大，但并不能作为优质的核心客户考虑。真正的优质客户，需要讲诚信，真正贯彻合作的精神，并且对你或产品的忠诚度较好，回购率较高。

当然，让你将大部分精力用在 20% 的客户身上，并不意味着要把剩余的 80% 客户置之不理，或者彻底放弃。在服务好那一小部分人群的同时，还是要尽可能地服务好剩余的客户，因为他们很可能以后也变成那 20% 的优质客户。这个心理法则的核心观点是，不要胡子眉毛一把抓，我们要善于抓住关键客户。

250 定律：发现潜在客户的秘诀

乔·吉拉德是美国著名的汽车销售大王，他从自己长期的销售经验中，总结出了一种叫作"250 定律"的销售技巧。什么是 250 定律呢？意思是说，每一个客户的背后，都会有 250 个朋友，而这 250 个朋友都有可能成为你的潜在客户。

做销售的人应该都知道，维护一个新客户的成本，是维护老客户的几十倍。不仅如此，老客户因为已经使用过产品，所以如果由老客户介绍新客户给你，成交的概率也会大大增加。

但与此同时，"得罪"老客户的代价也是巨大的。在你失去客户的同时，客户背后那些可能成为你潜在客户的人，也都会跟着失去。老客户对你的产品的一句差评，能够抵消掉你的无数句赞美。

纽约有一家汉堡店，开在一家培训机构附近，生意一直都非常好。这里的客户主要是附近的学生、家长及老师。

这一天，培训机构的森蒂老师，在这里点了一份汉堡套餐。当她吃第一口的时候，发现汉堡里的牛肉不新鲜，有一点变质的味道。于是，她起身去吧台，找服务员来处理。让她没想到的是，服务员看都没看那个汉堡，说道："我们店里从来不售卖不新鲜的食物，也不可能出现变质的肉。"

森蒂和店员理论了一会儿，没有得到什么说法。她看了看时间，自己需要赶紧离开去上课了。没办法，她得先去上课，于是她带着这个变质的汉堡离开了。

等森蒂上完课，想起来这件事，她还是觉得很生气，于是告诉了同事这件事。同事让她把变质的汉堡拿出来，拍了一些照片，发到了自己的脸书上。并附带这样一条信息：今天在我们机构门口的 ×× 汉堡店里，买到了这样的汉堡，牛肉已经变质。请大家为了自己的健康，一定注意食品安全。

很多家长看到了这条信息，他们决定为了孩子的健康，不再去他家消费。就这样，这家汉堡店的生意越来越差。

这就是 250 定律发挥的作用，它能给你带来庞大的收益，也能给你带来巨大的损失。

很多销售人员对于开发新客户感到头疼，不知道该从哪里下手，其实不妨试着从老客户着手。根据 250 定律，尝试着将其身后的朋友发展成自己的新客户。具体该如何去做呢？

1. 做好客户档案

你可以建立专门的客户档案，尽可能详细地记录自己服务过的客户的信息，包括客户姓名、生日、电话、住址、家庭成员、工作以及喜好等。如此一来，在后续翻阅的时候，能够快速地掌握客户的各方面信息，以便后续的客户维护与跟进工作。

2. 与客户保持联系

建立了客户档案之后,并不是将其束之高阁,而是要尽可能与客户保持联系。比如在客户生日或者节日的时候,发一条祝福,或者送上一份小小的礼物,客户会觉得非常开心。人们经常会将自己觉得好的东西或者人,推荐给身边的人。如果你让客户觉得信任、安心,在身边亲朋需要产品或服务的时候,他们自然会先想到你。

3. 提供售后服务

很多销售可能会认为,售后是售后部门的事情,与销售无关。这种想法是非常愚蠢的。客户是从销售手中购买的商品,一旦出问题,一定会想到卖给自己东西的那个人。如果这时候销售推诿不管,会让客户感到失望。因此,当客户因为售后问题联系到销售的时候,一定不要推诿、拒绝,而是尽自己所能地为客户解决问题。如果自己不能解决,需要售后技术人员时,帮助客户联系他们。总之,为客户负责,直至问题解决。良好的售后服务,才能让客户感到安心,并对你产生真正的信任。

4. 打造利益关系

销售手中的老客户,就像是一座待发掘的金矿一般珍贵。想要利用老客户的口碑为你开发新客户,当你在维护客户关系的时候,不妨在给客户寄礼物时附赠上一打你的名片,让客户遇到需要购买产品的人时帮你介绍。当然,你不会让客户白忙活,可以给他们一定的利益回报。在你与老客户之间,打造出一种利益关系,就可能会有源源不断的新客户。

相信你已经真正地了解250定律的巨大效应,也知道为什么那些优秀的销售会取得那么好的业绩了。他们会花费时间维护自己的优质老客户，将这些老客户变成自己的"推荐人"，这样就能够不断拥有对产品有一定信任基础的新客户。

皮格马利翁效应：期望与赞许创造奇迹

心理学上的皮格马利翁效应，也叫作"期待效应"，大概的意思是：只要充满自信地期待，只要真的相信事情会顺利进行，那么事情一定会顺利进行；相反，如果你相信事情会不断受到阻力，这些阻力就会真的产生。所以，成功的人都会拥有充满自信的态度，相信好的事情一定会发生。换句更通俗一点的话来说就是："说你行，你就行，不行也行；说不行，就不行，行也不行。"

心理学家罗森塔尔和雅各布森，在小学生的教育方面对这一效应进行了验证。他们选择了一所小学，对那里一至六年级的 18 个班学生进行了一次所谓"发展测验"。测验后，他们给每个班的教师发了一份名单，并告诉教师：这个名单上的学生，是他们经过测验发掘出的最有发展潜力的学生，可以重点培养。

一个学期之后，他们再次来到这个学校，又一次对全体学生进行了测试。结果让他们感到意外。他们发现当初给老师的名单上的学生的成绩，相比较之前有了明显的进步。而且，这些孩子变得比以前更自信、开朗。

老师开心地对他们说："你们的测试真准，名单上的这些孩子确实是有潜力。"但事实上，当初给老师的名单上的名字，只是他们从所有人中随机抽取的。他们所谓的"发展测试"，根本就是个幌子。

这个实验证明：每个人都渴望被别人期望、赞许，当这种需要得到满足，人就会感到鼓舞和振奋，也就容易使自己发挥出更大的潜能。

这其实是人们的一种心理作用。在销售行业，这当然也同样有效，销售人员同样可以利用皮格马利翁效应去影响自己，使客户更容易与你成交。那么，该怎样运用这一效应呢？

1. 想象客户会接受

在销售的过程中，对客户怀着成交的热切期望，相信他们会与你成交，或者假定他们会与你成交。这种心理会产生奇妙的作用，微妙地影响客户的心理和行为，促使他更容易接受你的推销。

与之相反，在询问很多推销失败的销售人员"为什么没有推销出去"时，得到的回答经常是"我一开始就觉得他不会购买"或者"我觉得他根本不需要"等答案。这些答案基本上都是销售者自己的臆想或者感觉，而不是客观事实。但这种消极的心理暗示，会导致想象变成现实。

2. 假定客户已经下单

有一个业绩非常好的房产销售人员，在分享他的销售技巧时说："我在交易进行到最后一个阶段的时候，会换一种语气与客户交流。就好像客户已经是房子的主人了似的。"当你能够引导客户以主人翁的意识去对待你所销售的产品或服务的时候，客户会像是被催眠一样，很自然地与你签单。而你自己，也会在这种自我期待下爆发出强大的能量。

3. 适时地"怂恿"客户下单

聪明的销售人员，经常会给客户一种假定，比如，画展上的销售，看到一名驻足在一幅画前欣赏许久的客户时，可以上前问："这幅画真不错是吗？"如果得到肯定回答，就直接告诉客户："那就买了它。您想一下这幅画挂在您家里的样子，一定比挂在这里更能体现它的价值。"客户有时候就是需要"怂恿"一下，你说这样做可行，他们也许真的就做出这样的决定。

4. 利用夸赞，巧用激将法

当你面对一个无法下决心、犹豫不决的客户时，应该适当地用一些"激将法"来刺激客户去下单。当然，这个方法一定要使用得当。你可以说："先生您一看就是一个思想独立、有主见的人，现在这样的人不多了呢，很多人都要回家去听老婆的。"或者说："早就听××说，您是一个做事特别爽快的人。"用夸赞的方法，巧妙地激起客户的自尊心，让他们生出"我能行、我可以这样做"的自我期许，成功引导其下单。

当然，你想象客户会接受的前提是，自己做了充分的准备。在你做了能做的各种准备和努力的同时，告诉自己："客户一定会购买产品的，我相信他需要！"有了这样的想法，会让你在与客户沟通的过程中，更笃定和自信。这种情绪会感染到客户，让他们对你和产品更信赖，也就更容易做出成交的决定。

权威效应：让对方深信不疑的技巧

同样的话，分别从普通人和专家嘴里说出来，带来的影响当然会有很大的不同。地位越高、越受人尊重的人，他们说出的话就越让人信服。这就是所谓的"权威效应"。

只要有人聚集的地方，就会有权威的存在。人们对于权威，常常有着深信不疑和无条件遵从的崇拜之情。所以，利用人们的这种心理，能够很大程度上影响和改变人们的行为。权威在某种意义上说，相当于"力量"

的存在，我们当然要善于借用这种力量。

这就是为什么很多商家会不惜花费重金，去请明星、专家为自己的产品代言。目的就是为了借助这些人的影响力，来增进人们对产品的认可度，从而增加产品的销量。

张琳在一个住宅区云集的商场新开了一家母婴用品店。由于新店开业，店里的客户并不多。

这天刚开门，店里就迎来了一位神情焦虑的女士。她进来就问你们这里有没有婴儿纸尿裤卖？张琳回答道："女士，纸尿裤是有的。您平时给宝宝用的是什么品牌的？宝宝现在多大？"

这位客户指了指货架上的一个品牌说："我给孩子一直用的是这个品牌的，需要 M 号的。"

张琳顺着她手指的方向，看了一下品牌，然后给这位客户将纸尿裤拿下来，并告诉客户道："由于店铺新店开业，我再送您一包婴儿棉柔巾，您觉得好用再来。"

这位客户听了她的话，准备付钱的动作停了下来，犹豫地问道："你卖的这个纸尿裤是正品吗？质量有保障吗？"

张琳笑着说："您放心。请稍等一下，我给您看一下我们的品牌授权书。"说罢，她转身走向柜台，从一个抽屉里拿出一个文件袋。从里边拿出这个品牌的授权书、店铺的营业许可证，以及这款纸尿裤的检测报告。

客户看完之后，很爽快地付了钱就走了。出门的时候对她说："今天你可帮了大忙，我一早发现家里没有纸尿裤了，可把我急坏了，还好小区门口就有。"

经过这件事，张琳将那些授权书、明星代言的海报等权威认证的东西，用相框裱起来，放在店里显眼的位置。慢慢地，店里的客户越来越多，也很少有人再问东西是不是正品。

除了在品牌推广过程中借助权威的力量和明星效应，日常推销过程中，作为销售人员，如果想要增加客户对你的信任度，可以让自己变得更专业一些。当你更专业的时候，你说的话才会更有权威性，更让人信服。那么，到底要怎样才能借助权威效应帮助你成功交易呢？

1. 个人能力更专业

作为销售人员，在与客户沟通的过程中，你的一言一行，都会影响客户对于产品、品牌的印象。因此，你越专业，客户便会越欣赏你和产品。你的专业，既包括产品知识方面的专业，也包括销售技术的专业。所以对于销售人员来说，不断地学习充电，是非常重要的。当然，和客户沟通的时候，也别忘了展示你的专业素养，这能让你的言语更有说服力。

2. 强调产品代言人

名人代言是很多大品牌宣传产品的基本手段，它们通过选择知名度比较高的名人合作代言，来提高产品的知名度。因为普通消费者总是认为，名人都在用的东西，产品质量也一定不差。尤其是将这些名人看成自己偶像的那部分人，经常会出于对代言人的喜爱而购买产品。如果你销售的产品没有名人代言，自己也可以把已成交客户中比较"权威"的人，比如地位比较高或者名声比较大的人，变成自己的"代言人"，通过他们的购买行为来影响潜在客户。

3. 用权威数据说话

对于很多客户来说，想要他们认可产品的质量，就需要权威部门的认证来证明。比如婴儿用品与成人用品的标准不一样，那么你就需要证明自己的产品是适合婴儿使用的。这时候你说多少话，都不如拿出权威部门的质检报告更有说服力。因此，当你能用权威的数据来解释的时候，尽量不要浪费口舌，直接拿出数据。

4. 注意从细节中挖掘权威性

人们对于产品有一个潜意识的认知：好的东西，连包装都会做得很精致，他们会特别注意细节处理。所以，销售人员，向客户推销产品的时候，不要忽略了细节层面，比如产品的包装、人性化设计等，是不是有著名设计师参与，或者是根据最新最专业的标准等。强调这些细节层面的权威性，能让客户更相信产品的质量可靠。

不过，需要注意的是，虽然权威人士的论断确实会比普通人的言语可信度更高，但不意味着他们的观点永远都是正确的。而且，或许有一部分客户是比较"叛逆"的，他们恰恰讨厌追随别人，而是希望与众不同。所以，在你利用"权威效应"的时候，一定要注意分清对象，正确使用才能收到预期效果。

奥美定律：不断提高你的服务水准

奥美公司曾经提出"以客户利益为先，追求利润次之"的原则。后来，销售专家们根据这一原则，总结出了"服务至上，以客户利益为先"的奥美定律。这一定律告诉我们，在销售过程中，如果出现冲突，销售人员应该学会取舍，最终优先维护客户的利益。

这种做法似乎看起来非常"蠢"，但事实上，表面的"蠢"会给你带来意想不到的惊喜。机械销售员安迪就受益于这种做法，让自己成为一名出色的销售。

陆然受雇于一家精密机械设备公司，自他入职的半年以来，还没有拿到一个订单。他们的机械设备技术先进，所以价格比较昂贵。即使是最便宜的产品，也要几十万元。正因为如此，对于他这个销售新人来说，一笔订单都谈不成，其实也属于正常情况。

这次，在熟人的帮忙下，花费了很长时间，他终于谈成一笔70万元左右的订单。陆然非常开心，他终于要"开张"了。但是，就在签合同的前一天，他发现另外一家同行的设备更适合如今这个客户。重要的是，价格也相对比较低，对于这家小公司来说，能节省不少成本。

但是，如果陆然将这个信息透露给客户，自己一定会失去这个订单。他不知道自己该装作不知道，还是如实告诉客户，毕竟这个客户是熟人介绍的。

最终，陆然还是选择联系客户，告知他这一情况。客户听完之后，非常惊讶。问他："你为什么愿意告诉我们这些呢？这将意味着你会失去这笔订单。"

陆然回答道："说实话，我也犹豫过要不要告诉你。但是据我所知，这笔购买设备的费用对你们来说是不小的开支，能省点最好。况且，我们以后还会有合作的机会。"

对于他的做法，客户无疑非常感激；省下的这笔钱，对他们来说确实很重要。这位客户自此将陆然视为朋友，并保证不让陆然因此吃亏。于是，他介绍了新的客户给陆然。

由于有这位客户的引荐和夸赞，陆然在一个月的时间里，通过这位客户，签成了好几百万元的订单。这下子，他不仅"开张"了，还在业内树立了良好的销售口碑。

也许陆然的做法，并不会得到所有人的认同。但是事情到最后的结果，应该是出乎很多人意料的。看似很傻的行为，却为他在客户面前赢得了好的声誉，取得了客户的信任。因为他给予客户的，已经超出了客户本身的要求与期望。他做到了真正真诚地为客户着想，哪怕为此损害自己的利益。

当销售员设身处地替客户着想，把客户的问题当作自己的问题来解决时，看似有损失，但却能增加客户对自己的信任感，还能加强彼此之间的合作关系，为之后的合作打下坚实的基础。那么，销售人员在日常工作中怎样利用"奥美定律"呢？

1. 与客户并肩作战

很多人不愿意和销售打交道的原因，就是觉得自己在交易中会吃亏。如果你能打破客户的这一固有想法，与客户站在同一立场上，为他节省成本，那么你就能成功地"收买"这位客户的心。换句话说，就是如何让客户花最少的钱，买最好的东西。如果你能做到这点，那么你会发现，你身边的客户会越来越多，成交额也越来越高。

2. 把"上帝"放在心里，不是嘴上

谁都会说"客户是上帝"这句话，但是很少有人真的把"上帝"放在心中。因为大多数销售认为，让客户买最好、最贵、自己利润最大的产品，才是终极目标。他们并不会认真地去考虑，客户到底需不需要这样的产品，这种行为无异于只是把上帝挂在嘴上。客户可能不专业，但并不傻。所以，不要试图去损害客户的利益来满足自己的目的。只有你把客户的利益放在前，真心为客户考虑的时候，你才能成为更好的销售。

3. 不做"一次性买卖"

在商场上，大多数人都会将"赢利"作为经商的唯一目的，从来不做赔本的买卖。这本身并没有错，但是如果以损害客户的利益为前提来达到

赢利的目的，从长远来看必然是不可取的。客户只会上当一次，绝不会有下一次，这就是所谓的"一次性买卖"。这种做法，会让你很快失去所有的客户，最终自食恶果。

当你真正把客户的利益放在首位，真心实意地为客户考虑的时候，客户是可以感受到你的真诚的。谁都愿意和真诚、友善、利他的人合作，而只要有合作，你就会有业绩和利润。

第六章

谈判心理学，
成功说服客户的技巧

Chapter 6

你其实不懂销售心理学

销售中的谈判，其实是销售人员与客户的互动与交流过程，通过这样的过程达到说服对方的目的。能够成功说服客户，就离成交不远了。在这个过程中，起到主导作用的是双方的心理活动。但从心理学角度来说，每个人都不希望被说服。哪怕自己的想法明显不正确，也总不愿意承认错误，因此销售人员想要说服客户从来都不容易。但是，让他们说服自己就容易得多，所以我们要做的就是，在谈话中有技巧地引导客户的想法，让客户自己说服自己。

第六章
谈判心理学，成功说服客户的技巧

Chapter 6

先不要着急开价，探一探对方的"底线"

在销售谈判过程中，价格毫无疑问有至关重要的作用，它甚至比客户目前是否需要这件产品更重要，有时能直接决定交易的成败。很多无法达成的交易，都是因为价格分歧而导致交易失败的。

因此，在与客户刚接触的时候，不要急于报价，而是对客户先进行深入了解再报价，以免出现一开口就把客户吓跑或者报价太低少赚一部分利润的情况。销售在与客户谈到价格的时候，一定要想办法达成一种"双赢"的局面，才能更好地完成交易。

张杰的公司需要新建一个网站，用来宣传公司形象以及发布新产品。但是他们公司并没有专门的前端技术员工，于是他决定找一个外包公司来做。

先后找了好几家公司，张杰谈了一下之后，觉得不是无法达到自己的要求，就是要价太高。正在为这件事情发愁的时候，他接到一个电话。

打电话过来的是一个小伙子，他询问张杰是不是需要做一个前端网站。张杰回答："是的，不过你是怎么知道的呢？"

小伙子老老实实回答说："事实上，是我听一位朋友无意中提起的。您之前曾联系过他们公司，但是没有谈好。我是自己刚开的小公司，价格方面比他们优惠，但是技术一点都不差。如果您有兴趣的话，我们可以见面聊聊吗？"于是，两人约好了见面的时间、地点。

两人见面之后，谈得很顺利，这位小伙子的理解能力和技术听起来都很不错。虽然张杰是门外汉，但是他提的要求，小伙子都能准确地理解要点，接下来就是谈价格了。

张杰在这个网站方面的预算是 50000 元，之前联系的几家，都至少要 80000 元，所以没办法谈拢。张杰问面前的小伙子："做这样一个网站，你打算收多少钱？说实话，我的预算并不多。"

小伙子笑着说："我也跟您说实话，我刚刚成立自己的工作室，您是我开业来的第一个客户，肯定会比市价便宜。这样吧，您先开个价吧，只要我能接受，一定会让我们之间这第一笔买卖成交。"

张杰想都没想说："我的预算并没有这么多，45000 元如何？如果你做得好，我们还有很多合作的机会。"

小伙子低头似乎是算了一下，然后抬头为难地说："先生，您应该听过别人跟您报价。这个网站做起来比较复杂，需要花费较多的时间和精力。我也不想浪费您的宝贵时间，我们都让一步，48000 元吧，真的不能再少了。"

因为张杰之前接触过其他家公司，知道其他公司的报价，确实都比这个价格高得多，而且这个价格在自己的预算范围内。于是他点点头爽快地说："那好吧，我给你 48000 元吧，明天你到公司来签合同。"

其实这个小伙子因为没有行业经验，且急于寻求客户，对这笔买卖的价格预期很低，他原本打算只要不低于 40000 元就肯干的。但他并没有急着给出自己的价格，而是让对方先报价，知道对方的心理价位之后，他在此基础上略微加价，并且有零有整。一系列心理战术下来后，虽然对方断定小伙子不想失去自己这第一个客户，还是愉悦地接受了这个报价，皆大欢喜。

在绝大多数情况下，产品或服务的价格都是可以谈的，但每个客户的心理价位不同。要想成功完成交易，并且让客户觉得自己买得很划算，那么在交易谈判中，你就需要对客户的心理价格有更多了解，这样谈判中的胜算才会更大。那么，你该如何获得更多有关客户的信息，探查到对方的"底线"呢？

1. 选择合适的场合

与客户谈话的场合，能够影响你对客户的进一步了解和客户的心理价位。如果你和客户在办公室里正襟危坐谈生意，客户不太可能跟你说太多信息，毕竟在办公室里客户会更谨慎。如果想要获取更多信息，可以带客户去比较放松的场合中，一边休闲一边谈生意。比如打高尔夫，或者喝下午茶，一个相对轻松的环境会让人放下心理防备、更健谈，你也能从中获得更多的信息。并且，在高级餐厅或咖啡馆，客户对接下来要谈的产品价格可能没那么敏感，不太会介意自己要花一大笔钱。

2. 通过他人获取信息

销售人员如果无法从客户口中获取更多关于价格的信息，可以尝试着从客户身边的人着手，比如，客户的同事、朋友或者家人。和这些人多聊天，你会了解到更多客户信息，比如对方日常的购物习惯、对价格的敏感程度等。我们要尽可能了解客户的性格、喜好，以便在交易谈判中准确地抓住对方的心理。

3. 多向客户提问

千万不要害怕向客户提问。对于自己不了解的事情，要多问才能找到答案。不要自认为客户不会回答，就不敢向客户提问。当然，如果你上来就问客户："您的心理底价是多少？"客户肯定不会正面回答你，哪怕是回答，也很有可能说一个让你无法继续谈下去的超低价。这时候，你不妨从侧面询问客户："现在产品的价格是透明的，您应该有所了解吧？"如果客户回答"是"，说明他已经了解过市场行情，你可能需要根据市场情况调整销售策略。

4. 不入座，不报价

有些销售人员对自己的产品性价比充满信心，刚与客户寒暄完，就恨不得马上告诉客户价格。他们原以为客户会满心欢喜地买下，实际上，这时订单成交的可能性往往非常低，除非是在超市或者百货商店等场合。大多数需要反复沟通的交易，都不是站着谈成的，因为站着谈话本身就是一个浅尝辄止的姿态，客户随时都可能终止谈话离开。

所以，不要忙着讲价格，如果客户询问，就邀请客户坐下来详谈。比如，在车展上遇到有购买意向的客户，可以跟他说："先生/女士，您这边请，坐下来我帮您详细介绍一下这款车以及其预算价格。"这时候，不是真心想买的客户，会因为不想浪费时间而拒绝。而真心要买的客户，则会随你一起坐下，并听你介绍。

价格虽然不是交易谈判的全部内容，但却是核心内容之一。因此，当交易进行到价格谈判的时候，一定不要轻率。即使是前面和客户谈得非常愉快，如果价格谈不好，还是很容易导致无法成交。但如果能提前摸清对方的底线，不去触碰这个底线，就能够提升成交的概率。

事先留出让步的空间

每一名销售可能都幻想过客户爽快地接受你的"一口价"，你们干脆利落达成交易。这种可能当然有,但更多时候你需要讨价还价。很多失败的交易,都是败在产品价格上。不少客户不喜欢"一口价"的交易,否则他们可能会觉得自己没有掌握主动权。讨价还价是一种正常的谈判流程,你要允许客户去保留自己的这一权利。

这就要求你熟练地掌握讨价与还价的学问。聪明的销售,在报价的时候,一定会给自己留出一部分余地。他们不一定会漫天要价,但会让报价高于实价,这样才能让自己在后面的销售过程中不至于无路可退。

举个例子,你想买汽车,恰好看到广告说有一辆二手车出售,要价3万元。你很动心,找到卖主表明了自己的强烈购买意向,但同时希望他能给自己降点价。如果卖主坚持一分钱不降,你是不是会觉得对方没有诚意或者自己能买到更便宜的?如果对方要价3.5万,然后让你砍价到3万元,你很可能就欣然同意,完成这笔交易了。

所以,在谈判中,如果你想以3万元的价格成交,绝大多数情况下,不能开价就是3万,否则往往双输。一旦对方一口答应,你会不停去想,当时要价4万元会怎样;如果对方非要跟你讨价还价,而你已经没有降价的余地,就很可能失去这笔订单。所以,聪明的销售在报价的时候,经常会给自己留出一定的议价空间。

成功的谈判,追求的始终是"双赢"的结果。两方如果有一方觉得吃亏,就无法达成共识,长期合作。所以,掌握下面有关报价的技巧,能让你既不损失利益,又不妨碍成交。

1. 报价要高,出价要低

不管你在价格谈判中是报价方还是出价方,都应该遵循一个原则:报价要高,出价要低。所有的人都会有这样的矛盾想法:越容易得到的东西,越感到不可信。这就是为什么销售在报价的时候,需要报高一点。而客户出价的时候，则会尽可能地压低价格。说到底，都是为了给自己留更多的让步空间。

2. 越不了解的客户，报价应该越高

当你碰到无法摸清底线的客户时，报价要更高一些。因为我们的主观判断充满了不确定性，你很可能会错误地估算了客户的接受能力，出现报价过低的情况。从另外一方面来说，在你与客户第一次打交道的时候，让步越大，越能说明你的合作诚意。因此，当你面对一个陌生的客户时，应该将报价报得适当高一些。

3. 暗示对方有让步空间

开价高几乎是所有销售人员都会做的事情，但是能成交的却不多。为什么呢？如果你开价高，还一副"你要买就买，不买拉倒"的态度，那客户就无法继续和你谈下去，更别说交易的可能了。因此，你可以开价高，但一定要想办法暗示对方，在这个价格基础上，是有让步空间的。比如说："我的权限只能给您这么低的价格了。您稍等我一下，我跟上司申请一下，看能不能给您优惠一些。"这样的回复既没有答应客户可以降价，也给客户保留了希望。

4. 利用品牌价值，提高报价

很多人都知道"一分价钱一分货"的道理。报价高，有时候会让客户觉得你的产品价值可能更高。比如，我们拿阿司匹林来说，尽管有不同品牌，其实成分是差不多的。然而，当一款知名品牌的阿司匹林卖12元/盒，一个大家没听说过品牌的阿司匹林卖11元/盒的时候，很多人都会选择12元一盒的知名品牌，尽管它要更贵一些。因为品牌的价值，让更多人

愿意为之付出更高代价。如果你销售的产品也具有品牌优势，不妨多加利用，将报价报得更高一些。

当然，大家需要注意的是，报价高于实价，绝不意味着价格可以高得离谱。如果你的报价远远高于实价，会让客户觉得你疯了，根本就没有销售的诚意，或者直接被这个价格吓跑。这时候，谁会浪费口舌与你谈呢？因此，为客户报价的时候，我们还是要注意把握分寸，不能太过分，尤其是在这个价格透明化的网络时代。

每一次"让步"都有意义，否则别让步

商业谈判是一个斗智斗勇的过程。这个过程就像谈恋爱一样，谁表现得更着急、更在意，谁就输了。有不少销售人员，为了能快速成交，或者博得客户的好感，经常会主动提出降价等退让的条件。殊不知，这是商业谈判中的大忌。

优秀的销售人员，在谈判的时候不仅不会主动让步，还会想方设法拒绝客户的要求。这么做的原因很简单，给客户一种谈判空间不大的感觉，从而让自己后面的让步显得更宝贵。

举个例子，你打算花 100 万元买一套房子。当你从广告上看到一个合适的房源时，打电话过去告诉对方，你想 100 万元买下他的房子。如果对方爽快地答应，你会怎么想？你是不是觉得自己也许 90 万元就可以买下了？这时候你如果反悔，告诉对方自己突然出了点意外，钱没有那么多了，能不能 90 万元买下，对方如果不假思索地说"成交"。你会高兴吗？我想，你一定会后悔的，后悔自己为什么没有将价格压到 85 万元甚至 80 万元。

但如果对方非常为难地跟你说："抱歉，90万元实在是没有办法卖给你，我这房子已经有好几个人都联系我想要买呢，100万元是我们的最低价格。"这时候，你可能反倒还有点高兴，觉得自己的100万元真正花得物有所值。如果对方在经过艰难的讨价还价后，退了一步说价格不能低但可以送你一部分家具，你可能开开心心就接受这个价格，觉得自己太会买东西了。

没错，人就是这样矛盾的一种生物。轻易得到的，似乎都不那么满意。必须要经过自己所谓的"努力争取"得到，才会觉得倍感珍惜。这是大多数人的心理，所以销售人员在价格谈判中，就可以利用这种心理，让自己的每一次让步都有意义，不做无意义的让步。

那么，在谈判过程中，你应该如何不失分寸地让自己的每次让步，都成为促成交易的推力呢？不妨从以下几点入手。

1. 拒绝客户的首次还价

急于求成的销售，看到客户的还价在自己的接受范围内时，往往忙不迭地答应，哪怕那是客户的第一次还价。这是一种错误的做法，会引起客户的怀疑和反悔。客户可能会觉得自己是不是出价太高了，或者认为你的利润空间还很大，自己应该更谨慎点。于是，还没有签合同的客户很可能会用其他借口反悔，而已经成交了的客户则会因为懊悔怨恨而再也不愿和你打交道。因此，当客户首次还价的时候，一定要尽量拒绝，并给出合理的理由。

2. 条件互换，争取更多利益

记得千万不要白白地让步，你做出的每一步退让，都要换来对方相应的妥协。比如，你可以给客户打折，但是要对方提高订单数量才行；你可以给对方更多赠品，但希望她能帮你宣传一下产品效果；等等。这种利益的互换，反倒会让客户心里更踏实，觉得自己买到手的产品真的是物有所值。

3. 适当地按下"暂停键"

当谈判进入焦灼期的时候，不妨先暂停下来，然后告诉对方你们需要商量一下。这会让对方也有一个考虑的时间，并让对方觉得，他的要求已经达到你们的底线。在接下来的谈判中，他们也会心中有数。如果有意成交，就会在这个底线附近徘徊。这时候，如果你再做一点点小让步，往往就能达成交易。

4. 表示为难，无法擅自做主

销售人员在产品价格、赠品等方面会有一定的权限，但不会太多。这时候，你可以利用这一事实巧妙地与客户周旋。当客户给你提要求的时候，你要表现出十分为难的样子，然后告诉客户："实在是抱歉，我没办法擅自做主，需要跟上司请示。"这样的回答，好过于"好的，我做主，就这么定了！"因为后者会让客户觉得你的权限很大，价格和产品型号等方面还有争取利益的空间。

5. 让步是可以取消的

要牢记，你在谈判中做出的所有让步，都要伴随着对方的让步而成立。也就是说，尽量不要做单方面的让步。比如你降价10元，那么对方的订单数量也要相对地提高。一旦对方反悔，你也可以取消刚刚的让步。在谈判的细节上不仅要斤斤计较，还要针锋相对。

需要提醒的是，销售人员在与客户进行谈判之前，一定要为自己设定一个底线。在谈判过程中，随时都注意自己的底线并坚守，只有这样才不会被客户牵着鼻子走。

洞悉客户的真正需求

很多销售会遇见这样的情况：明明已经按照客户说出来的要求去满足他了，为什么对方还迟迟不下单？这时候，你应该敏锐地意识到：客户之前表达出来的意见或者要求，并不是他真正在意的。他真正的需求，可能没有说出口。比如，为身边女伴选购礼物的男士其实是嫌价格太贵，但他说出口的话却是"这个包包看起来太普通"。

我们之前说过，销售一定要在谈判之前，尽可能多地了解客户的真实情况。这些情况包括但不限于文化背景、处事风格、当前处境等。了解到这些信息之后，经过仔细分析制订出一套有针对性的谈判方案，才能为你争取更多利益。当然，这种准备工作更适用于金额比较大的交易或者商业谈判。在面对萍水相逢的陌生客户时，你无法掌握关于他的个人信息。但是，你依然可以从穿着打扮、言谈举止等方面，对这个人做出整体判断，并在谈判过程中随时洞悉他的真正意图。

电脑配件区来了一位戴着厚厚眼镜的客户，他告诉店员，自己想买一个游戏键盘。于是，店员给他介绍了一个最新款的游戏键盘。客户试用之后提出："键盘上的这个 ENTER 键如果能再大一点就好了。"

对一名销售人员来说，客户的这个要求实在是无法满足。毕竟键盘的设计不可能随便改动，他也没有那个能力去帮客户做出设计上的改变。这不是无理取闹吗？但是，这位销售很聪明。他并没有因为这个无法达到的要求而放弃这位客户，而是快速地分析了一下客户的话。

他在想客户为什么想要按键大一点，难道是他手指格外粗吗？好像也没有。看看客户厚厚的眼镜，难道是因为客户需要经常用这个键，但又总是找不到这个键？有了这个想法之后，他决定尝试跟客户聊一下。

于是他问客户："先生，您是需要常年在电脑前工作吗？我看您戴着眼镜。"客户回答："是的，我的工作要求我必须长时间在电脑前待着，视力也是下降得越来越严重。有时候坐的时间太长，连键盘都看不清楚。"

听到这个回答，销售心里了然。于是他笑着说："先生，您看这样可以吗？键盘上这个键的大小，已经比其他键大了不少了，再加大可能也没有实质性的意义。但是，我可以让我的同事帮您换一下 ENTER 键的颜色，让它更醒目，您看可以吗？"

客户听了销售的话高兴地点点头，说："好的，那就太感谢你了。"

销售人员接着说："因为帮您调换键盘是特殊服务，所以需要您先付款，去挑选一个喜欢的颜色，我的同事再给您换。您可能需要稍微等一下才能拿到键盘。"

听完以后，客户爽快地付了款，愉悦地在等候区等候新键盘。

我们都知道键盘上的按键是可以抠下来更换的，而且操作起来相当容易。但我相信，并不是所有的销售，都能第一时间察觉到这位客户真正想要的只是一个 ENTER 键更醒目的键盘，与大小并无必然关系。

所以，销售在与客户的交往中，一定要更加留心地去观察客户，揣摩客户话语中的真正含义，才能真正帮客户解决问题。如果你还不知道怎么做，可以试试下面这些方法。

1. 认真分析客户的问题

当客户向你进行咨询时，通常是问题已经发生，且未得到解决。这时候他们需要帮助，但又出于警惕性的考虑，通常不会直接跟你说出自己的困扰。聪明的销售，就要从客户的问题中，敏锐地发现客户需要解决的真正问题，并且会主动利用产品的特点或者自己能提供的服务，帮助客户解决这些问题。

2. 辨别真正的需求

有些客户不会将自己内心的需求说出来，有时候是真实想法难以启齿，有时候是他们只关注自己提出的解决方案，并没有说背后的原因。这就要求销售人员在听到客户的话时，一定要仔细分辨其真实性与前后的逻辑和因果关系，分析出他的真正需求，然后再行动。

3. 问正确的问题

有时候，得不到客户的真正需求，与销售人员提出的问题有关。如果你的问题不能抓住重点，就无法得到你想要的答案。因此，提问的时候要问正确的问题，或者说更有实质性的问题。当你想要问客户喜欢什么类型的手机时，可以将"您喜欢什么样的款式？"换成"您喜欢简约型还是功能型呢？"引导客户从你的提问中选择答案，即使两者都不是他想要的，他也会告诉你更有价值的答案。

4. 做好市场跟踪调研，收获意外发现

想要了解客户的需求，有时候可以从市场调研入手。比如，最初小苏打的生产厂家，在宣传的时候，只是宣传它可长期用于烘焙、洗浴和清洁牙齿。但是后来一些销售人员在做市场调查的时候，发现很多家庭主妇将其用于清除餐具污垢或者用于去除冰箱异味。之后，他们在宣传小苏打的作用时，对广告词做了调整，其销量一年内一下子上涨了50%。销售人员能够直接接触客户，方便获取第一手信息，因此要养成多观察的习惯，可

能会有意外发现。

5. 抓住重点，满足需求

销售其实是一个满足需求的工作。当你明确了客户的真正需求之后，要抓住这个重点，利用产品特点去满足客户最重要的这些需求。每个人的时间都很宝贵，所以不要把时间浪费在那些无关痛痒的事情上。如果在交流过程中，客户对某些细枝末节有疑问，要引导他们关注自己的最大诉求，从而忽视对完美的追求。

总而言之，在与客户谈判之前及谈判的过程中，我们要尽量了解对方的真实想法。当对方提出无法满足的条件时，也不要直接放弃，而是试着了解其提出这个条件的目的和背后的利益诉求。然后尽量用能满足其诉求的替代方案，来满足对方的利益，并成功达成协定。

聪明地面对客户的砍价

每个人都有胜负心。从心理学上来讲，在交易谈判过程中，客户和销售都怀揣着一种博弈的心理，并且都希望自己能够取得胜利。何谓胜利呢？就是在交涉的过程中，达到了自己心中的目的。对于胜方来说，这会让他们获得一种成就感，从而对这次交易感到满意，并为下一次交易打下良好的基础。

一些销售新手，在价格谈判的时候会出现紧张或心虚的情况，生怕客户会不下单或者反悔。所以，经常没等客户砍价就主动降价。这种行为真的有用吗？事实上，销售人员越是这样，客户越不敢下单。

销售人员每天都在和不同的客户打交道，遇到客户砍价也是家常便饭。

或者说，这是成交过程中不可或缺的一个步骤。所以，对销售人员来说，要有一套应对客户砍价的方案。以免在与客户交流过程中措手不及。

比如，遇见一个想买但嫌价格贵的客户时，销售该怎么做？不妨看看下面这个案例。

店员："先生，您看这个产品不错吧？"

顾客："东西看着是不错，就是价格太贵了。你能帮我再便宜点吗？"

店员："我们这个定价是所有店铺统一定价的，我这边没有权力私自降价。今天我们卖出去了很多，都是这个价格。"

顾客："好吧，那算了，我再看看吧！"

店员四处张望了一下，然后对顾客说："您稍等，好像是我们经理回来了。您稍等一下，我找我们经理过来，看能不能给您优惠一些。"

店员找来经理，对经理说："经理，我们有个顾客想买我们家的产品，都来了好几次了。也是诚心想要的，就是觉得价格有点贵，你看看能不能便宜点啊？"

经理："顾客要哪一款产品啊？"

店员："就是今天活动的这款，这个已经是我们搞活动的价格了。但是客户想要再便宜点。刚好您今天来了，您看看能不能再帮他便宜点。"

经理对客户说："先生，这个确实已经是活动价格了。我看您诚心买，您看这样可以吗？我让店员额外再加送您一个赠品，您看可以吗？"

店员："啊？（做出惊讶的表情）经理，咱们的赠品都是有数的，严格按照销售的产品数量来赠送。从来没有多送过，等一下您要帮我签字的，不然仓库那边我没办法交代。"

客户听了这样的话，心里一下子非常高兴。虽然没有降价，但客户还是享受到了"特殊待遇"，所以，他高高兴兴地去付款了。

优秀的销售人员，要能够抓住客户在讨价还价整个过程中可能出现的所有心理活动，并在面对每一位客户时准确判断，以满足客户的心理需求。那么，怎样才能在价格博弈中让客户高高兴兴地去下单呢？

1. 巧用商品的价值，占得先机

商品的价值，往往是商品价格的一个有力支撑。当客户要讨价还价的时候，不要急于与他开始讨论价格，而是先向他阐明商品的价值。让客户先了解到商品值这个价，就能让你在接下来的价格讨论中占据优势地位。

2. 任何条件都是让步筹码

与客户谈判的时候，不一定要将关注点一直放在价格上。在谈判过程中，只要是能够限制对方的因素，都可以是让步的条件。比如谈判的地点、交货期限、物流方式、优惠条件或者赠品等等，都可以是让步的筹码。优秀的销售人员，会把对自己有利的资源整合起来，将它们变成用以实现利益最大化的筹码。

3. 对方越重视的东西，越要坚持

在商务谈判中，对方越重视的东西，你越要坚持不轻易退让。你可能会问为什么呢？不应该是给了他想要的，就能尽快结束谈判吗？如果你是这么想的，那就太天真了。人都有一种"不容易得到的才最珍贵"的心理，所以，对方越重视的东西，越不能让他们轻易得到。否则，会让他们产生很多的怀疑，从而出现更多的意外情况。当然，你的坚持要适度，条件和火候差不多的时候，该让步就要让步。

4. 善用反悔策略

面对一些客户，不妨试着去反悔。具体来说，就是当客户还价已经达

到你们的底价，但他仍然不依不饶想要继续往下砍的时候。可以拿同事做借口，告知客户："对不起，之前给您的报价是我同事弄错了，这款产品的成本更高，所以要提高价格才行。"这时候，虽然客户不愿意，但很可能还是会提出按照之前谈过的价格成交。

利用反悔策略的前提是，你确定客户是真的想要这款产品，只是对价格不满意。这种方法适用于那些"得寸进尺"的客户身上，突然告诉他们价格有误，需要上提价格的时候，他们一定会放弃自己的坚持，转而抓住你最后一次的出价不放，因为如果不这样做，自己可能真的要付出更高的代价。

5. 移花接木式回答

当你无法满足客户提出的要求时，不妨采用委婉的方法拒绝。比如，你可以说"如果您同意我们更换便宜一点的材料来代替，就可以满足您刚刚的出价"。这样肯定式的回答，要比"这个价格我们不可能接受，因为我们使用的材料质量好、成本高"效果好。

每一次面对客户还价的时候，你都要牢记，销售的过程本身是一种利益的交换，通过你来我往的利益互换，达到最终的合作共赢，并不是价格越低越好，让步越多越好。

以退为进的开始，直通最终的胜利

我们在谈判中经常会听到或者说的话是"我们各自退一步"。为什么在商务谈判中一定要有让步呢？除了让谈判得以继续进行下去，它其实也有利于我们为自己争取更多利益。这就好比是我们在打拳的时候，每收回一次拳头，才会有下次更重的出击。在谈判过程中的让步，也是为了让对方放下戒备、放松警惕，从而确保自己最关心的利益点。

不要害怕失去客户，也不要害怕客户会得寸进尺，只要你能掌握让步的技巧，在谈判中掌握主动权，引导客户跟随你的节奏走，成交就是水到渠成的事情了。要如何做，才能以退为进实现成交呢？

1. 让步的幅度要由大到小

如果谈判的时机成熟，你打算开始做出让步。这时候，你一定要注意让步的幅度、时间和次数。一般来说，让步的幅度是由大到小，在你进行价格谈判之前，可以设置好一个让步的比例，比如10∶5∶2。这个比例就是你每次做出让步的时候，会让出的价格折扣比例。

2. 让步的时间由短到长

让步的时间，也是有讲究的，如果你的第一次让步决定是20分钟做出来的，那么第二次让步，可以在一小时之后给出。如果有第三次让步，你需要拖延更长时间才能做出。切记不要秒回复，这会让客户觉得你的利润空间还很大，他会无休止地继续压价。

3. 事不过三，把握退让次数

是否应该允许客户无休止地砍价？当然不能！这就要说到让步次数了。销售人员最多做到让步三次即可。不要再继续让步，因为这样下去，会让你们陷入无休止的谈判中。而且，也会给对方留下你做事拖泥带水的印象，不利于成交。

4. 有技巧性地退让

讨价还价是价格谈判阶段很常见的事情，在你来我往的讨价还价中，销售人员要特别注意让步的技巧。不要因为客户一句"给个实价",你就真的一步到位亮出了底价。在你给出让步之后,客户依然会认为你是不是没有给出底价。让步这个事情,是要循序渐进地进行,并且要暗示你已经尽力了,实在是没法再降了。只有这样做,客户才会觉得自己再去砍价,似乎也没有太大意义。当客户意识到自己已经砍到底价的时候,交易才会顺利往下进行。

5. 通过延长货款交付期,达到成交目的

有时候,不一定非要在价格上进行让步,你还可以在其他条款上给出让对方动心的条件。比如,大额订单往往交易的金额会比较大,几十万上百万的钱款,支付往往要有时间限制。当你无法在价格上满足客户的降价要求时,不妨告诉客户:"您如果能今天下单,我可以跟上司申请,延长您交付尾款的时间,在三个月内付清。"

6. 适当地"冷落"客户,达到成交的目的

销售人员总是会要求自己对于客户充满热情,但有时候热情并不适用于任何人。有些客户,当你热情地追着他的时候,他会显得非常狂妄、目中无人,或者心生警惕。当然,有时候他是为了让销售人员处于弱势,从而达成自己的目的。这时候,销售人员不妨用比较冷漠的态度来为客户"降温"。当你不在客户的身后追着他的时候,他会意识到自己可能要失去合作机会了,反而会主动联系你,并主动达成合作意向。

当然,让你冷落客户,并不是真的要你放弃这个客户。而是通过这种手段,让客户冷静地思考一下。在你"冷落"客户这段时间内,还是要密切关注客户的动态,把握好这个"冷落"的尺度。当客户再次向你示好的

时候，还是要热情、贴心地对待，直至交易成功。

但你需要明白的是，以退为进是你的一种谈判策略，并不是让你一味地退让。退让的尺度，你一定要把握好。毫无原则地退让，只能让客户觉得你不诚实，最开始给的价格水分太大。说实话，没有人喜欢跟这样的人打交道。所以，在退让的时候，一定要把握好尺度，该坚持的时候，一定要懂得坚持。

比如，你坚持要 80 万，对方只出 70 万，这时候，如果你提出各退一步 75 万，而对方是一个谈判高手，很可能会选择默不作声，并不配合你各退一步的方案，反而会立马将你一军。他知道 75 万是你能接受的价格，但是他却不打算配合，最多只出 73 万。莫名其妙地，你一下子让出了 7 万，他只让出了 3 万。遇见这种情况的时候，不妨让谈判先陷入僵持中，不要干脆地答应对方。因为你的退让，最终目的是成交，并且最好是双赢的结果，而不是自己一味退让的惨胜。所以这时候，你要用坚持向对方表明自己的态度。

另外，在你选择退让之前，还是先要清楚客户是否真的有意向与你成交。如果客户并不是真的感兴趣，就不要在他身上浪费太多的精力。否则最后只能是弄巧成拙，连下次合作的机会可能都没有。确认客户真的有与你合作的意向，再往下谈。

谈判不是"吵架"，"共同利益"放首位

商务谈判有时候会进行得非常激烈，以至于双方都各执一词、互不退让，陷入僵局中。有时候，甚至还会因此发生口角。其实，在商务谈判桌上，经常需要有人扮好人，有人做坏人。你要想清楚自己的利益和目标，

不要被他人的态度激怒或欺骗。一旦你先被情感支配，气得跳脚，那么不管你在之前的谈判中有多大优势，都意味着你输了。

理论上，为人处世不管什么时候，都要随时保持理性和冷静，与人起冲突或者发生摩擦绝大多数情况下都是不明智的。销售过程中当然也是这样，或许你口才特别好，跟谁吵架都能赢，但你要时刻牢记，你来不是跟对方吵架的，而是让对方认同你的。

在销售过程中，提高说话的声音，或者打断对方说话，甚至直接否定客户的结论，这些都是与客户争吵的表现。这样做的结果，不会是你想象中的"对方被你说服"，而是让客户对你心生敌意，他们不会认同你，大概率会不欢而散，并发誓不再找你。

当然，谈判必然有分歧，你和客户面对某一问题僵持不下时，激烈的争执显然是最差的选择。谈判的目标是谈出一个双方都能认同的方案，往往不是一家取得压倒性的胜利。所以适当的妥协，有利于缓和双方之间的分歧，也会缩短谈判的时间。

谈判双方尤其是销售人员，一定要记得，争吵不能解决任何问题，除非你笃定客户非你不可。但即使如此，客户也可以换一个销售，从别人那里购买。

如果对面是一个十分挑剔的客户，最好的办法是心平气和、不卑不亢地去接待他。不为他的挑剔而生气，也不会因为他的挑剔而让自己处于劣势地位。你需要坚守自己的立场，多强调"共同利益"，尽可能有理有据地说服对方。

1. 无论何时，都要尊重对方

与客户相处的时候，要让对方感受到你的尊重。这与占不占上风无关，是销售人员该有的职业素养。面对客户的无理要求，自己怒火中烧的时候，也不要出言伤人。客户处于相对比较弱势的地位，也要给予对方充分的尊重。哪怕眼看交易不可能成功，也不要换一副嘴脸，还是要保持始终如一的尊重对方的态度。

2."抛弃"你的胜负欲

每个人都会有胜负欲，因此，不管是什么样的博弈都想赢不想输。这种心态，同样存在于销售人员心中。拥有这种心态，固然可以让你在工作中更努力，但需要注意的是，胜负欲太强，可能会导致你在谈判过程中失态。你的胜负欲也会激发对方的胜负欲，那么谈判只会越来越激烈，最后很难好好收场。作为销售人员，你要时刻牢记自己的最终任务是什么，切不可失去理性。

3. 保持良好的心态

商务谈判中，心态很重要。良好的心态，能让你变得更自信。当你与客户坐下来进行谈判的时候，要始终都秉持开放和真诚的心态。要知道客户也很聪明，从你的态度中，他会判断你的真诚度。如果大家无法达成共识，尽量寻找可替代的方案。整个谈判过程都要自信、谦逊、有礼，让对方既不小瞧你，又不会对你抱有敌意。

4. 必要时，学会"忍气吞声"

当我们在受到别人的攻击时，大部分人都会选择去回击，这是人的本能。在商业谈判中，受到对方的言语攻击是很常见的事情。如果你本能地去回击对方，只能是"火上浇油"，加剧双方的矛盾。这时候，你最好的做法是先忍耐，等对方把话说完，然后根据客户的话语，分析他攻击你的原因，并化解这一问题。

5. 顾及他人，也不忘自己

成功的谈判，最后都是在达成共同利益的基础上谈妥的。因此，你要学会在谈判中，找出双方共同的利益点，以此为核心展开谈判。这就要求你在谈判中，既能顾及对方的诉求，又能不忘记自己的利益。没有人会做亏本买卖，同样也没有人会不想做有利于自己的买卖。因此，"共赢"才是促成合作的重要条件。

6. 谈判不成，也要友善收场

哪怕到最后，很遗憾双方没有达成共识，也不要恼羞成怒，以后还是会有合作机会的。但如果你因为心中不快而宣泄自己的不满，那么你将会彻底失去这个客户，以及客户身后的无数个潜在客户。如果对方态度不友好，就想办法回避他们的进攻，而不是针锋相对。

第七章

网络营销，
打开新时代的销售之路

Chapter 7

你其实不懂销售心理学

随着网络的发展与普及，人们的生活和工作方式都随之发生了很大变化。这个过程是迅速的，不少销售人员仿佛是一夜之间突然发现自己以往的销售模式面临巨大挑战。想要适应这个时代，就需要我们及时做出调整。在互联网时代，你不一定要抛开传统的销售模式与战略战术，但网络营销相关知识是你无法回避的，认真学习它，你才能在这个崭新的时代游刃有余。

第七章
网络营销，打开新时代的销售之路

Chapter 7

不懂营销，你很难更进一步

随着时代的进步和发展，传统的销售模式正在被改变。很多销售可能会有这样的感觉：明明自己跟以前一样，很努力在工作，但是业绩却一天不如一天。在新时代，出现这种情况，其实并不让人意外。随着互联网的发展，传统的销售模式有些已经不太适用。因此，随着互联网时代的发展，销售人员应该及时对自己的销售模式做出调整。

互联网出现之后，"网络营销"这个词也随之出现。提到营销，大多数销售人员可能觉得与自己无关。有这种想法也不稀奇，毕竟每个公司都会有专门的营销部门，为产品制订营销方案，并由他们实施推广。销售人员呢，只需要负责将产品卖出去就可以。

那么，销售人员真的就不需要懂营销了吗？也许在上个世纪，不懂营销的销售人员，照样有饭吃。只是，到了今天这个时代，销售人员如果不懂一些营销知识，可能真的会被行业淘汰，被时代遗弃。这并不是危言耸听。在互联网兴起之后，一份由网友投票产生的可能会被淘汰的职业名单中，销售这个职业赫然在列。

时代在不停地发展，销售的模式也随之发生了很大的改变。销售人员如果想要更进一步地提高产品的销量，就需要结合一些营销方案来实现。

一名优秀的销售人员，不仅要懂得如何销售，还要懂得如何能够更好地将产品卖出去。当你将产品的价值放大的时候，就会得到更好的销售效果。而如何让产品增值，就涉及营销的问题。当你懂得用营销作为自己的"辅助武器"时，你的事业自然会更进一步。那么，销售人员该了解哪些关于营销的知识呢？

1. 什么是营销

营销是什么呢？从字面来讲，营销是指企业发现或发掘准消费者需求，让消费者了解该产品进而购买该产品的过程。任何企业都不希望与他们的客户做一次性的生意。因此，企业会通过一些方法，增加产品与客户的黏性，提高客户的忠诚度。这些方法，统称为营销手段。好的营销方案，能够让客户轻易地记住产品，并为之反复买单。对销售人员来说，虽然不可能实施大规模的营销计划，但是可以利用一些营销思维与策略，帮你开拓业务。

2. 营销与产品的关系

一款产品，想要卖得好，首先必须是一个能够解决目标客户痛点的好产品。然后，在此基础上，配合一些好的营销手段，就能使产品销量大增。但如果产品本身质量不合格，再厉害的营销方案，都没有意义。

3. 营销与销售的区别

如果说销售是一种战术性行为，那么营销则是一种战略性行为。前者以销售力为中心，比较侧重于销售的技巧与方法，是对现有商品的销售和销售目标的实现。后者则以创造力为中心，注重建立能持续销售的系统，侧重于客户的需求满足和企业的长期发展。

比如，想要对喜欢的人告白，从营销层面给出的方案会是：投其所好，制造机会，和对方约会、吃饭，然后慢慢地发展。到一定程度时再告白，这时候会水到渠成。而销售则会直接告诉你：抓住机会，冲上去，告诉对方你喜欢她。显然，前者的胜算要大于后者。

4. 营销的目的

营销的最终目的，其实也是为了能够将产品更好、更多地销售出去。归根结底，营销的效果好不好，还是要从产品的销量上体现出来。但是，不同于传统意义上的销售，营销做得好，能够让产品的销量呈几倍、几十倍，甚至是上百倍的增长。这也就是为什么我们需要强调，销售人员也要学会利用营销，尤其是网络营销，来提高自己的销售业绩。

5. 营销的方式

随着时代的发展，营销的方式从以前传统的在报纸、电视、广播上发布广告，到现在的海报推广、网络推广、搜索引擎推广等，方式变得越来越多样。针对不同的平台和不同的群体，所使用的营销方法也会有所不同。比如，对于"二次元人群"，要使用他们喜欢的二次元方式来进行推广。因此，该用什么样的营销方式提高销量，还需要结合产品自身的特点、产品定位人群等多方面的因素来决定。

销售是一个需要不断思考、总结的职业，只有这样，才能不断地提升自己，让自己能够更进一步。因此，销售人员要随着时代的发展，跟上时代的脚步，解锁更多的技能来帮助拓宽自己的销售之路。

互联网时代，会营销才有大未来

在互联网崛起之前，销售人员只要足够勤快，善于与客户打交道，就能有不错的业绩。但是随着互联网的发展，销售人员只拥有这些能力，就不太够用了。

自从互联网和随之而来的相关技术兴起以来，销售的方式也发生了巨大的变化。互联网的出现，对各行各业都产生了影响，但对销售领域的影响尤为深远。它已经彻底改变了不少客户购买商品的方式，以及销售人员的销售方式。

在过去传统的销售模式中，客户的很多个人信息，需要销售人员通过自己的努力得到数据。互联网时代中，会有大量的共享数据、技术以及资源，帮助销售人员更好地提高技能、联系客户。换句话说，如果销售人员能够好好地利用互联网，将会为自己拓展出一条更宽、更广的销售之路。

吴雅是一个烘焙原材料销售商，在互联网时代到来之前，她每天的工作就是向不同的面包店、甜品店进行产品推销。她很少去向家庭主妇推销，因为相对于店铺来说，个人的销量实在是太小，推销成本太高。为了保证业绩，她将重点放在那些需要大量原材料的店铺上。

随着互联网的发展，身边的人开始用各种自媒体、社交软件，吴雅也开始与自己的稳定客户们在线上进行沟通、订货、下单等流程。这样不仅可以节省彼此的时间，还能及时跟进问题。吴雅感受到了互联网的便捷之处，以前她需要跑一天的工作量，现在一个小时就搞定了。剩余的时间做什么呢？她不想白白浪费，不如去开发更多的新客户吧。

这时候，她将目光转向了那群家庭主妇身上。相对于批量购买，她们的订单金额虽小，但这个人群庞大。如果能够做好，收入应该也相当可观。

因此，吴雅开通了多个社交媒体账号，包括抖音、小红书、快手等。

她在这些社交平台上，经常分享一些自己制作的糕点。一开始，她会分享比较简单、易操作的教程。慢慢地，根据评论留言，会定期更新一些大家想要学习的视频教程。

就这样，利用自己的闲暇时间，她制作了很多烘焙视频，收获了一大批粉丝。当粉丝们问她关于原材料的选择问题时，她也会非常专业地给她们做出解答。当然，在每个视频下边，她都会将自己推销的品牌的烘焙原材料展现出来。

粉丝们在她那里购买烘焙材料时，不仅可以包邮到家，还有免费的视频和技术指导。慢慢地，吴雅发现，她通过几个社交媒体积累的客户订单，远远超过了她之前的固定订单。而且，通过与粉丝们的交流和互动，她自己也学到了很多知识。

虽然很多人说互联网时代的到来，会淘汰很多行业和职业。但事实上，只要你能够利用好互联网的优势，学会互联网营销，不仅不会被时代所淘汰，还能给自己带来意想不到的收获。那么在互联网时代中，销售应该如何抓住这一机遇，并且在这股浪潮中成功起航呢？

1. 获取更多的数据

在互联网时代，利用网络可以足不出户就能得到大量数据。分析和收集数据的周期会大大地缩短，销售人员也能够更迅速地对潜在客户展开行动。这些数据，能够帮助销售人员快速锁定潜在客户，并根据这些客户的信息制订方案，为快速成交提供更有力的保障。因此，你的网络营销行动，不妨先从获取数据开始。

2. 快速地锁定潜在用户

互联网的出现，能够让销售人员更快速、准确地找到他的潜在客户。

销售人员可以在社交媒体或者视频网站上发布文章或者视频，通过这些方法，吸引一批感兴趣的用户。这些喜欢作品内容的用户，往往更有可能对你的产品或服务感兴趣，从而增加把流量转化成订单的机会。

3. 突破地域限制

对销售人员来说，互联网发展最大的好处之一，是为销售人员打破了销售地域的限制。销售人员可以通过网络，坐在电脑或者手机前，就能与世界各地的客户取得联系。因此，不需要将自己禁锢在一个固定的圈子里，而是尽可能地向外扩张你的销售圈。理论上说，只要你有能力，全世界几十亿人口，都可能是你的潜在客户。想想就让人兴奋，不是吗？

4. 与客户即时沟通

随着网络的发展，人与人之间的沟通也变得更便捷。不管是图片、视频还是语音，都能通过网络随时随地联系到对方。当然，也正因为如此，今天的大部分买家并没有那么多的耐心。他们在发出一些疑问之后，如果不能快速得到你的回答，就会毫不犹豫地放弃你，转而奔向你的竞争对手。

这一点，也是销售人员必须要警惕的一点。当你与客户取得联系之后，要保证能以最快的速度回复客户的询问。网络带来了方便的同时，也为你带来了更多的竞争对手。你需要能够在多个平台上与潜在客户沟通，通过电子邮件、电话和社交媒体等迅速做出回应。

5. 实时维护客户关系

互联网时代中，销售人员对于客户的售后维护也变得更方便、快捷。你不再需要像以前那样通过名片来维系客户，而是可以通过客户的电子邮箱、微信、微博等即时通信平台与客户建立联系。后续有一些产品促销，也都可以通过电子邮箱批量发送给不同的客户。

虽然互联网的出现，给销售行业带来了很大的挑战，但同时也出现了不少机遇。抓住这些机遇，学会互联网营销，你不但不用担心，还会发现自己的销售之路突然变宽了。

如何借助网络成功"包装"自己

互联网的出现对我们的日常生活确实造成了不小的冲击，连传统的交友模式也在发生改变。人与人之间的沟通变得更为方便、简单、快捷，沟通成本也变得更低。虽然它未必让人与人之间的关系变得更近，但不管怎样，互联网可以让很多陌生人在线上相识。你认识的人自己并未见过，也没办法通过自己的直观观察来判断。这时候，很可能聊天窗口对面表现得温文尔雅的人，现实里其实是个冷漠、自私、无情的人，甚至连对方的性别都不是真实的。

这是弊端吗？某种意义上是的。但对销售人员来说，如果稍加利用，可以让它为自己的销售之路铺平道路。

与传统的销售不同，互联网时代的销售人员，更多是在"推销自己"。为什么这么说呢？因为随着互联网的发展，电商随之兴起。你在线下或线上销售的东西，各个电商平台基本都有售卖。那么，为什么人们会选择在你这里购买呢？显然，这与销售产品的人有关。

王凯是一个长相粗犷的母婴产品销售人员。他的形象与工作内容，实在是有点格格不入。之所以会选择这个职业，是因为他大学的时候学的是幼儿教育专业。毕业之后，他也曾试图去应聘过幼儿教师，但是由于形象问题，没有任何一家幼教机构愿意接纳他。因此，他才选择了做母婴产品的销售工作。

一开始，王凯会带着自己的产品，去到宝宝妈妈聚集的地方推销，但可想而知，效果实在是不好。后来，朋友建议他可以通过网络来销售产品。

王凯在朋友的帮助下，注册了专门的社交账号。他通过学习，了解了很多互联网营销的方案。他的社交媒体头像，是一张嘴里含着安抚奶嘴，头上系着可爱的头巾，手里抱着一个宝宝的奶爸形象。然后，他在自我介绍一栏写下了这样的文字：一个拥有硕士学位的男性专业育婴师，打破传统的育儿方式，免费指导您更专业、科学地育儿。

王凯经常在自己的社交媒体上，发布一些育儿的知识，以及关于一些育儿动作的演示视频。考虑到自己的形象不讨喜，他总是不让自己的脸出境。虽然长相不友善，但是他的说话方式很幽默，经常会用一些诙谐、有喜剧感的话来解释比较枯燥的专业术语。就这样，很快他就吸引了大批"宝妈"的关注。

拥有大批关注者之后的王凯，一方面用专业的知识指导妈妈们带娃；另一方面，会根据宝宝的具体情况，给妈妈们推荐合适的母婴用品。当然，这些母婴用品，基本上都能从他这里购买到。

你看，王凯通过互联网，成功实现了自己的职业价值。他巧妙地利用网络社交的特点，对自己的形象进行包装，避开了长相方面的劣势，发挥了专业方面的优势。这就是互联网带给我们的机遇，如果能参考下面的建议，好好地对自己包装一番，相信你也可以取得很好的成绩。

1. 塑造合适的形象

你是不是觉得，在线上与客户沟通，就不需要注意你的形象了？其实，这种想法并不正确。不管是否要面对面地与客户沟通，形象一直都很重要。当你不需要与客户面对面沟通的时候，对方通过与你的接触、交流，会在脑海中形成一个属于你的形象。因此,当你通过网络与他人沟通的时候,你需要为自己塑造一个有利于销售的形象。

比如,如果你是美妆销售,就需要将自己塑造成一个会化妆,懂护肤的美妆达人;如果你是食品销售,就需要成为一个懂营养学的美食达人;如果你是珠宝销售,则需要一个优雅、知性的形象。总之,不管日常生活中的你是如何穿着随意,当你在工作中面对客户的时候,就要经营出一个符合所从事职业的形象。

2. 成为有故事的人

不管是在线下还是线上,销售人员与人沟通的时候,你所说的话要能够引起别人的注意。如何能引起别人对你的关注呢?最好的方式是用故事。不是给大家讲故事,而是把自己包装成一个有故事、有话题的人。互联网经济很多时候都是"眼球经济",你能让自己吸引到更多人关注,就能收获更多资源。

3. 变得更专业和权威

不管什么时候,专业和权威总是更容易让人们产生信任感。如果是一个高级营养师卖食物类产品,通常会比时尚达人要卖得更好。所以,当你在网络中面对一群陌生人的时候,要尽可能地展示出自己的专业性和权威性,这能够让陌生人对你产生信赖。

如何展示专业和权威呢?你可以在自我介绍中,重点介绍自己的学历、获奖经历、工龄以及特殊荣誉等。所有能证明你能力的东西,都可以展现在自我介绍中。

4. 淡化利益感

很多人认为,自己是销售,本职工作就是卖货,所以每天就会不停地在自己运营的网络平台或社交媒体上发广告、推销产品。其实这种做法，并不能起到很好的作用，反而可能会引起别人的反感，让人屏蔽你或者取消关注。你可以分享一些好玩的文字图片，那些好用的东西、好吃的食物或者性价比高的店铺，也都可以与别人分享，既凸显存在感，又不让人反感。

5. 传递正能量

我们经常将积极乐观的人称为"太阳"，并且乐于与他们交往。这种充满正能量的人，往往能够将这种能量传递给身边的人，用自身的热度来温暖别人。也许在现实世界中你无法掩饰脸上的疲惫与沮丧，但网络世界中，你完全可以只显示心中积极正向的那一面，让大家感觉你是一个能带给他人力量的人，并且乐于看到你。

当人们对你产生信任的时候，就会很自然地选择在你这里买东西。因此，区别于传统的销售模式，在互联网时代进行销售，需要好好地"包装"自己。当你的形象和特征符合一类人的审美，引起他们的喜爱时，就能够成功地开展销售工作。

你的粉丝就是潜在客户

在如今这个互联网时代，恐怕没有人不知道"粉丝"这个群体，它是指对某人或者某物崇拜或者特别喜爱的人群。比如，苹果手机的粉丝叫"果粉"。由于粉丝日益彰显自己强大的力量，所以有人认为如今是粉丝经济的时代。之所以这么说，是因为不管是明星艺人，还是品牌和商品，都需要粉丝的支持才能拥有更大的流量、更多的关注、更高的效益。

不管是人还是物的粉丝，粉丝这个群体都有一个鲜明的标签，那就是对某人或者某物充满了热爱。换句话来说，就是信任这个人或者物。如果一个销售或者品牌，拥有一批粉丝，那么这批粉丝毋庸置疑将是最容易转化的潜在客户。

让粉丝转化为客户，也可以有很多方式，比较传统的是软文营销。这是粉丝营销中最常见的形式之一。软文的编写者，会以产品销售为目标，将广告植入到文章中。通过文章来吸引读者，从而达到销售产品的目的。通常，采用软文营销的时候，要注意文章的内容，不仅要有趣，还要优质。广告植入部分的文字与文章之间毫无"违和感"。

短视频营销是近些年非常火的一种"带货"方式。那些拥有大批量粉丝的网络红人、美妆博主、时尚达人等等，通过一些短视频平台，发布自己制作的一些视频片段，吸引一部分人成为自己的粉丝，然后再进行产品销售。

随着网络的发展，还出现了不少新兴的行业，比如网络带货主播。在互联网崛起之后，网购成为一种流行的购物方式，但存在一个弊端就是无法看到真实的物品，只能通过店铺自己制作的图片来想象产品的质感以及使用效果，结果就出现了高退货率的情况。为了解决这个问题，就出现了带货主播这个职业。这些主播，通过摄像头，将产品真实地展示给购买者观看。虽然还是不能真正地触摸到，但是透过镜头，可以看到真实的细节和物品。尤其是服装，人们可以通过模特的现场展示，看到穿着效果。

这些网络主播通常有自己的粉丝群体，这些粉丝多是因为在其直播的时候买过产品，并认可产品的质量，因此而成为其粉丝。这类人群很容易因为信任而为主播的推荐买单。

当然，这些粉丝并不是从天而降的，需要你通过一些方式获得他们的认可才行。那么，作为一名销售人员，该如何在网络上拥有一批属于自己的粉丝群体呢？又该如何成功地实现粉丝营销呢？

1. 寻找目标用户

与大街上的人群一样，网络上的人并不一定都会成为你的粉丝，你需要去寻找的是那些可能成为你粉丝的用户，而不是盲目地将所有人都列为你的目标对象。这些人要可能对你推销的产品感兴趣。该如何寻找目标用户呢？你可以通过社交媒体中的标签、话题、群组、兴趣小组等方式来筛选。

2. 让目标用户成为粉丝

当你做好定位，并锁定好目标用户之后，接下来要做的就是将他们变成你的粉丝。你可以通过在论坛发帖、回复，在社交账号发布优质内容等，吸引目标用户的关注。让他们心甘情愿地成为你的粉丝，是一个非常重要的步骤，也是比较难的一个环节。一旦设计不好，不仅不会拥有一批粉丝，还会让自己拥有大批量的"黑粉"。

3. 做好内容营销

想让目标客户喜欢你，就要做出符合他们审美和"口味"的内容来吸引他们。你可以通过制作视频，或者写软文的方式，向这类人群传达一些有用、有价值的信息。什么样的内容更能引起人们的关注呢？你要遵守三点：有利、有趣、有料。

无利不起早，营销内容也一样。在成为你的忠实粉丝之前，你要让人知道成为你粉丝的好处，或者能从你幽默的文字或者搞笑的段子中获得愉悦感。这都是成功的内容营销。

如果你的文案中充斥着"卖货"的信息，将会很容易出现大量"脱粉"的情况。你需要做的是，尽可能地淡化产品广告的存在，通过有趣、精辟或见解独到的内容，抓住粉丝的内心。然后在文章结尾处，捎带推一下产品。

4. 做好粉丝维护

粉丝这个群体是容易喜新厌旧的，需要进行维护。稍有不慎，你的粉丝就可能成为别人的粉丝，甚至成为你的黑粉。如何做好粉丝维护呢？你可以根据自己粉丝的群体特点，时常与他们互动，增加粉丝的黏性。还要定期收集粉丝的需求和建议，并尽量满足，建立与粉丝之间的信任。

5. 给予粉丝"特殊"福利

当你拥有了一批忠诚的粉丝之后，流量变现就是很容易的事情。但是，想要粉丝持续为你买单，就要在保证产品质量的同时，尽可能地让粉丝享受到实惠。比如，可以有粉丝专属礼物，或者粉丝专属折扣。总之，你要让自己的粉丝知道，他们属于比较"特殊"的群体。

有人说，在互联网社会流量为王。这句话可能略显绝对，但事实上，确实是有流量就会有更多的利益。如果你能抓住这些流量，并合理地利用它，就会发现销售效果是一对一销售时代不可能实现的。

建立社群，让销售变得更为简单

我们经常说，有人群聚集的地方就会有买卖。与以往各个时代不同的是，现如今，线下的人群聚集场所慢慢开始转移到线上，在线上形成了一个个群落。对销售人员来说，这既是挑战更是机遇，因为你可以无视地域的限制，也不会被精力、场地所限，能让自己的销售影响力无限放大。

所以，销售人员应该抓住这种机会，利用社群来让销售简单化。有效的社群，并不单单是社交媒体上的一个群，而是通过兴趣、爱好等方式，将一群人聚合在一起，从而形成一个圈子。社群只是人与人之间的一种链接工具，而真正想要社群"变现"，则需要创建者用心维护经营。

李可是一个非常有头脑的人，他在一个高档办公园区开了一家咖啡店，主要销售咖啡、奶茶和甜点。在这个园区里的公司多为科技型企业，员工的工作也都特别忙。于是，李可就在微信上注册了一个群。

当店里有客户来买咖啡或者甜点的时候，他都会询问顾客是否在附近上班。如果方便的话，可以加入他的群，以后在上班时间，如果想要喝咖啡或者吃点东西，都可以在群里呼叫他，他会免费送上门。

当然，进这个群里还有一个好处：点单可以享受9折优惠。既不用自己出门买，又能省钱，这样的便宜谁都愿意占。所以，只要是他店里的常客，都加入了他创建的群中。

但是很快，李可就发现了问题，他的群里人数不少，但是大家并不活跃。有时候一天也没有几个人点单，这让他陷入了思考。李可觉得应该是因为群里的互动太少，于是他试着每天早上在群里发一段励志的早安语，然后将今天推出的优惠套餐发在群中。如果出了新品，他也会邀请群成员免费试饮。有时候，还会在群里询问他们对产品的意见和建议。

在李可的带动下，群里的成员们开始踊跃地发言，并且会建议李可去开发哪一方面的新品。午餐时间，李可会提前在群里询问大家是否需要喝下午茶。对于客户下的订单，他会提前准备好，并准时送到客户的手里。

后来，李可又在群成员的建议下，新增了快餐食谱。因为在科技类的公司，加班是家常便饭，如果能帮助他们解决吃饭问题，对大家来说实在是太好了。就这样，李可收获了源源不断的客流和一大批忠实客户。

李可利用的其实就是社群营销方法，将这一区域的人聚集在一起，满足他们的需求。虽然销售人员在做社群的时候，目的就是卖货，这是大家都心知肚明的,但我们还是不能完全以营销手段来运营,所以在利用社群进行推销的时候,要注意以下几点。

1. 口碑是核心

我们都知道,对商家和品牌来说,口碑很重要。口碑越好,越容易得到客户的信任。其实对社群来说,口碑同样重要。只有大家信任你,才会为你推销的东西买单。詹姆斯之所以能够成功利用社群销售,也是以他良好的口碑为基础的。因此,在你的社群里,一定要注意为自己树立好口碑,才能让社群营销成功并且更持久。

2. 互动是关键

有很多社群并不能存活太久,很快就成为一个"僵尸群"。这是为什么呢?最主要的原因是缺乏互动。互动能够拉近人与人之间的距离,也能够增进感情。更重要的是,会让人在想要消费的时候想起你。因此,你在维护社群的时候,要记得多与群成员互动。大家可以交流最近的时事热点甚至是娱乐八卦。总之,是要能够引起别人和你进行互动的话题。

如果你推销的是保健品,那么在你的社群里,可以多讨论一些养生的话题。这些话题不一定都与产品有关,但大家聚集在这里,一定是对养生有兴趣的。讨论一些他们感兴趣的话题,才能更好地维护好客户关系,增加客户的忠诚度。否则,他们会认为自己加入了一个无用的社群,很快就会退出。

3. 利益是纽带

为什么要加入你的社群?加入你的社群会有什么好处?这是每一个群成员都会考虑的问题。因此,建立一个社群之前,你要制订好方案。你可以不定时发红包、发优惠券或者做促销活动。不管是哪一种方式，要让群成员觉得自己是占了便宜的，在这个群里是有利可图的。只有在利益的驱动下，客户才愿意参与到你的社群活动中并给你带来利益。否则，社群是无法长期运营的。

4. 售后是保障

与传统的销售一样，网上的销售也需要做好售后服务的工作。在陌生人那里购物，本就有一点冒险，如果不能保障售后问题，将会失去客户的信任，因为售后处理不好导致自己苦心经营的口碑瞬间坍塌的例子比比皆是。所以，想要让你的客户成为长期的老客户，一定要做好售后保障工作。出现售后问题并不可怕，只要你能够完美解决，就能够留住客户。

一个好的社群，一定是能留住人、能求同、能共赢的。而一个好的社群运营者，不一定会领导，也不一定要出风头，但一定要懂组织，能够将几十个、几百个甚至更多的人，有序地组织起来。为此，你需要努力学习网络运营相关知识，也要多向同行中的佼佼者学习。

将平台作用发挥到极致，获得更多渠道

随着互联网的不断发展，销售似乎渗透到了我们生活中的每一个角落。不管是在社交平台、短视频平台，甚至是娱乐平台，都能看到销售的影子。有人的地方就会有需求，有需求的地方就会有销售。互联网将这个世界连为一体，当然到处都会有销售的影子。

前面我们也说过，现如今这个互联网时代中，销售应该懂得去营销。如果站在营销的角度来分析现在的网络市场，一定要开展多平台推广的方

式。不管是你喜欢用的微信、微博，还是喜欢观看视频的抖音、快手，都是可以进行产品销售的平台。

不过，这些平台虽然都可以"卖货"，但却有着各自不同的特点。所以，你在运营不同的平台时，不能千篇一律，一键复制。因为，每个平台的用户群体都不一样，需要针对不同的平台特点，采用不同的运营方法。

多平台运营的时候，需要运营者对平台有深入的了解和研究。比如，圣诞节这个节日主题，想要在不同的平台上推广，就需要针对平台的特点，修改内容再进行发布。在以图文为主的微博、小红书上，有一张清晰介绍活动的海报，以及有趣的文字来吸引眼球。

不管是软文还是视频，内容可以简短，但要保持原创，内容优质。原创的内容，能够增加你在支持者心中的地位和权威性。一旦出现抄袭的情况，则很可能会让他们感到失望，从而失去他们。

你当然还可以实施跨平台的合作，实现 1+1>2 的效果。不管你采用何种方式进行营销，前提是你需要对这些平台有深入的了解。我们日常生活中，常见的可以进行卖货的平台有哪些呢？这些平台又有什么特点呢？

1. 微信

聪明的销售会利用社交平台来开拓自己的销售之路。销售本身就是一种社交，所以利用社交软件再自然不过了。你可以通过微信来组织你的社群，定期分销商品。当然，你需要注意的是打造你的个人形象，例如通过发布高质量的"朋友圈"来塑造自己，让你的潜在客户觉得你是一个专业、热情、真实的人。

2. 微博

相对于微信的偏重"私域"，微博更为开放。你可以随时发表短文或图文，也可以发布视频，系统会将你发布的内容推荐给可能感兴趣的人。微博的用户较为年轻，也较为活跃，你也可以在微博上进行一些活动的推广，可能会得到意想不到的效果。

3. 抖音 / 快手

抖音 / 快手，当然也包括视频号已经成为很多公司或个人非常看重的销售通路。一方面，你可以通过发布有趣的视频来增加粉丝对你的关注；另一方面，你还可以通过视频直播的形式，对你的商品进行推广。

4. 小红书

小红书是最近几年比较流行的社交媒体，主要以图文或视频笔记的形式展现，很适合个人品牌形象塑造和生活产品的推广。如果你想成为一个知识博主或生活博主，那么在这个平台发展自己会更为适合，并且也可以转化你的商品。

互联网改变了人们的购物习惯，随着天猫、京东等电商平台的出现，大家开启了电商网购模式。电商购物虽然方便，但有个弊端就是无法看到实物，会出现与想象不一样的情况。在这种需求的催化下，就出现了直播带货的现象。

直播带货解决了客户无法看到实物的难题，客户可以通过主播的直播看到产品的材质，以及效果。销售人员同样可以用这样的方式，在上述平台上向用户展示产品，从而促使客户下单。

多平台同时运营必然是辛苦的，需要耗费大量的精力。这时候，不妨借助一些软件帮你解决问题。比如，在你分析平台客户需求的时候，会有一些专门的软件提前帮你统计出来，你只要通过付费就可以享受资料。虽然这样会增加运营成本，但是可以大大地节省人力成本，还是很划算的。

将自己的精力放在更重要、更擅长的内容营销上，你才能更好地发挥平台作用，大大拓宽自己的销售渠道。

告别传统思维，才能拥抱未来

时代在不断进步，我们每个人也都要与时俱进地跟随时代的步伐。对销售人员来说，互联网时代的销售模式已经发生了非常大的变化。如果不能摆脱传统的思维模式，势必会在时代浪潮中黯然失色。

销售这个职业，正在互联网时代的发展下迅速变化。以前你可能只要足够勤奋、足够诚恳，能够抓住客户的心理，就能成功签单。但现在，互联网让一切都变得更透明，不管是价格，还是品牌口碑，只要客户稍微动动手指，一切就能一目了然。销售很难再凭借自己的话术，单方面为产品增加价值。

因此，在互联网时代进行销售，不能再复制传统销售的思维模式。在向客户销售产品的时候，更多地要将介绍的侧重点放在产品的附加值方面。比如，强调产品是××游戏的衍生品，或者是与××合作的联名款。

不仅是销售模式发生改变，连收款的方式也发生了很大的变化。随着互联网的发展，线上支付也变得更方便、快捷。人们不需要去银行取现金，就可以购买商品。不取现金不仅省去了找零的麻烦，还能够避免现金丢失的情况。如果你在路边推销产品，遇见一个路人正好想买你的产品，但是他没有带现金。你该怎么办？如果你有线上收款渠道，就可以让这位客户通过移动支付的方式购买商品。但如果你没有，那就白白地错过了一笔买卖。

在一些购物平台上，你可能经常会看到一些超低价格的产品，比如那些0.1元的秒杀品。这样的价格，商家明显是赔钱的，那他们为什么还要这么做呢？当然是为了吸引人。当商家用低价产品把人吸引过来之后，客户可能会为了包邮或者一些优惠活动购买更多的产品。很多人在网上购物的时候，不用你多说，就会为了几元的东西，凑上几十元的产品，这就是互联网销售的特点之一。

总之，互联网时代，网络营销思维已经在逐步替代传统的营销思维。不管是企业还是个人，只要能够利用好互联网的优势，不仅可以大大节省推广成本，还能够开拓出更广阔的销售之路。那么，作为销售人员，该用什么样的互联网思维来代替传统的思维呢？

1. 用户思维

在我们传统的销售思维中，个人主观意识占主导地位，总是会从个人角度来思考客户需要什么样的产品。而且传统的销售模式是一种"面对面、一对一"的交流，不管是客户还是销售人员，主观意识在交易中占的比重比较大。

在互联网时代，可以通过问卷调查、大数据等方式，客观地分析出客户的需求。在与客户沟通的时候，也可以通过一些社交媒体，同时应对多人的咨询，提高工作效率。此外，还可以在与客户的沟通过程中，更清楚地收集到客户的"痛点"，真正做到将用户放在第一位。

2. 数据思维

当你询问一个人需要什么的时候，这个人可能无法给你一个确定的回答，但是他的行为会给出答案。这些行为，在互联网时代会形成一份份数据报告，让你得出最终的答案。换句话来说，互联网时代，几乎所有东西都能够数据化。人们可以通过数据，制订出客观、有效的应对方案。对于销售，同样如此，当销售人员拿到关于客户的各项数据之后，可以针对不同的情况，做出更有效的推销方案。这就是互联网时代的数据思维。

3. 迭代思维

什么是迭代思维呢？就是积极地接受新事物、新方式。通俗一点来说，就是快速试错。在互联网兴起的这些年中，人们的生活发生了翻天覆地的变化，新事物更是层出不穷。这时候，不管是企业还是销售人员，都要敢于创新和尝试，在不断的试错中把握新的机会。在互联网时代，一切皆有可能，所以要不断地突破自身，才能让自己变得更优秀。

4. 价值思维

互联网时代的到来，让商品的价格变得更透明。换句话说，产品的利润空间变得非常有限。这时候，想要将自己的产品卖一个好价钱，就需要从产品价值上考虑，增加产品的附加值。比如，一件普通的衣服可能只卖20元，但如果是与迪士尼的联名款，可能价格就要翻一番。如果是限量版的联名款，价格将会更高。销售人员在互联网时代做销售，要尽可能地突出产品的一些附加价值，以此来提高产品的"身价"。

当然，我们并不是否认传统的营销思维，基于人性的销售心理和销售策略当然有用，只是有些销售手段和思维方式已经不适合这个时代。要想在这个时代中立足，就要用符合这个时代主流生活方式的思维来应对。作为销售人员，你也要顺应时代的变化，告别你所熟悉的传统销售思维。只有这样，才能在这个全新的营销环境下如鱼得水。